Collection

Angélique Blais

Mon BIG à moi

FABULEUX LIVRE GÉANT

retourner

si l vou plai

ANDARA

@ Rockin memaw

Catalogage avant publication de Bibliothèque et Archives nationales du Quebec et Bibliothèque et Archives Canada

Petit, Richard, 1958-
Le monde totalement à l'envers de Fanny. N° 4

(Mon BIG à moi)
Pour enfants de 8 ans et plus.

ISBN 978-2-89746-056-3

I. Titre. II. Collection : Mon BIG à moi.

PS8581.E842M649 2017 jC843'.6 C2017-941136-5
PS9581.E842M649 2017

Créé par Richard Petit

Dépôt légal : Bibliothèque et Archives nationales du Québec, 4e trimestre 2017

ISBN-13 : 978-2-89746-056-3

Imprimé au Canada

Gouvernement du Québec – Programme de crédit d'impôt pour l'édition de livres – Gestion SODEC
Andara éditeur remercie la SODEC pour l'aide accordée à son programme éditorial.

Financé par le gouvernement du Canada | Canada

info@andara.ca
www.andara.ca

Mon BiG à moi

Le monde totalement à l'envers de

Fanny

N° 4

LES EXTRATERRESTES DE TABLE

ANDARA

Je coche les Mon BIG à moi que j'ai lus.

YO! ALLÔ! Rappelle-toi ce qui s'est passé dans les trois premiers romans.
fanny
Pour commencer, dans le premier roman, Mathéo a embrassé Florence dans la cour d'école devant tout le monde. HI! HI!

Tu te souviens de «Voyons», mon frère? Voyons! Voyons! Voyons! Celui qui ne cesse de répéter ça tout le temps.

Et de ma « BFF », Daphnée, qui a trouvé une bien curieuse façon de choisir un petit copain. On se rappelle tous les deux qui elle a pigé... MON FRÈRE!!!

YARK!

Mais le plus bizarre, c'est que tous les parents de la ville sont retombés en enfance. Au souper, ils avaient mangé du pâté chinois, comme nous tous.

Puis dans la nuit, il y avait eu cet étrange orage sans nuages. Selon Daphnée, c'est ce qui aurait causé la transformation des parents.

En tout cas, au matin, ils se sont mis à faire des mauvais coups. Il fallait agir.

J'ai donc texté
à tous mes amis
de se rendre à l'école
avec leurs parents.

Ensuite,
j'ai choisi six amis pour
remplacer les profs,
et faire ainsi la classe
à nos parents.

NOAH, ou plutôt Pinotte,
a été nommé directeur.
Il était très content.

Toby, lui, a été nommé
concierge. Il n'était
pas très content.

AH OUI!
Nous avons
eu quelques problèmes.
En classe de deuxième,
par exemple : le petit
Teddy, l'échantillon, comme
tout le monde l'appelle,
a été «scotché» au plafond
par ses élèves-adultes.

OUAIS!
Il y a eu aussi
ce garçon, Derek,
qui m'a fait la cour
devant tout le monde
dans l'amphithéâtre.
Je n'ai vraiment
pas hâte de voir
ce que va tenter
de faire
ce petit
Casanova.

Après, comme tu sais, j'ai promis de découvrir ce qui s'est passé.

Alors, j'ai demandé à tous les élèves qui portent des lunettes de trouver pourquoi nos parents étaient redevenus des enfants.

Et finalement, le premier roman s'est terminé avec ce texto.
Derek
Fanny ! Daphnée ! Venez nous rejoindre au labo de bio au deuxième étage de l'école. Nous avons la certitude d'avoir trouvé ce qui est arrivé aux adultes... VITE !

Dans mon deuxième roman,
c'est là que c'est devenu
encore plus fou.

Tout d'abord, comme
je le craignais, Derek n'a pas
cessé de me faire la cour.

OUI! Tout au long de l'histoire,
il m'a envoyé des textos pleins
de mots doux.

En plus, il signait chaque fois
avec un pseudo ridicule.
Tu n'as qu'à lire ce texto-ci
pour comprendre.

T'es où,
ma princesse ?
Ma pichounette ?
Mon ange ?
Ma p'tite crevette ? Ma petite
étoile ? Ma doudou ?
Mon cadeau de Noël ?
Ma poupounette ? Mon île
parfumée ? Ma cocotte ?
Ma p'tite grenouille ?
OÙ ES-TU ?

Il y a eu aussi
des méga problèmes
à la garderie de l'école.

Mes amies Lorie et Célia ont dû se mettre des jujubes en nounours dans les narines parce que les couches sales des adultes devenus bébés sentaient trop mauvais.

Elles ont utilisé la même technique pour se boucher les oreilles, car elles n'étaient PLUS CAP d'entendre les bébés-adultes dire sans arrêt:

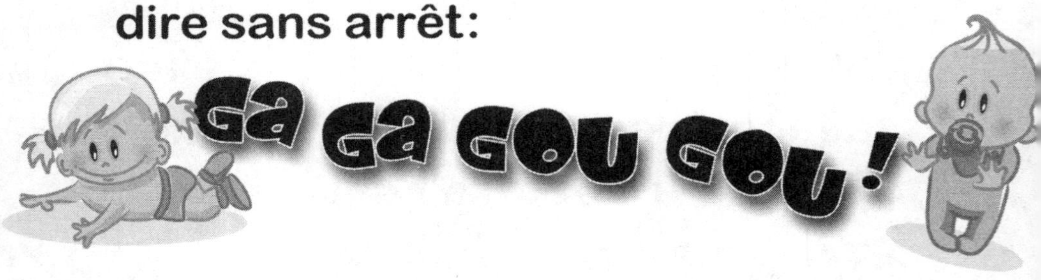

J'ai alors
demandé à mon frère
Voyons, euh Dylan, je veux dire,
de venir à la garderie raconter
une histoire aux adultes pour
les endormir pour la sieste.
J'étais sûre que ce serait efficace:
sa façon de raconter est tellement
PLATE, qu'il pourrait endormir
un ours qui sort tout juste
d'hibernation.

Par la suite, je me suis rendue au labo de bio avec mon amie Daphnée pour écouter l'explication de Derek et des autres petits scientifiques à lunettes sur ce qui était arrivé à nos parents.

J'ai été renversée par la conclusion de leurs recherches. Ils ont découvert que les adultes ont perdu le premier chiffre de leur âge, soit à cause du pâté chinois qu'ils ont mangé, soit à cause des éclairs qui ont frappé le plus haut édifice de la ville, ou bien à cause des deux.

Par exemple, mon père qui avait trente et un ans se comporte maintenant comme un bébé d’un an. Ma mère qui était âgée de vingt-huit ans n'en a plus que huit.

C'est comme ça pour
TOUS les adultes de la ville.

Cependant, même si Derek et ses amis avaient réussi à trouver ce qui s'était produit, ils ignoraient toujours ce qu'il fallait faire pour régler la situation.
J'ÉTAIS DÉCOURAGÉE!

L'équipe de scientifiques prétendait avoir un TRÈS BON plan pour en savoir plus : capturer des restes de pâté chinois pour les questionner et leur faire avouer… TOUT!

Comme tu t'en doutes,
J'ÉTAIS 1000 FOIS
PLUS DÉCOURAGÉE!

N'ayant pas vraiment d'autres choix, et étant TOTALEMENT débordée par une foule de problèmes dans plusieurs classes de l'école, j'ai laissé les scientifiques mettre à exécution leur plan absurde avec la consigne de me tenir au courant des résultats de leur enquête.

Alors, afin de «capturer» un reste de pâté chinois, Derek s'est rendu avec les autres membres de son équipe de la *S.W.A.T. team* au restaurant dont je vais taire le nom parce que TOUT le monde le connaît.

L'*El Matador Della Potato*, voyons.

AAAAAH! DYLAN! Tu es vraiment fatigant.

Pourquoi je suis fatigant, voyons, Fanny?

Parce que tu as dit *El Matador Della Potato*, Dylan, et il ne fallait pas.

VOYONS! J'ai dit *El Matador Della Potato?*
OUI! Tu as dit *El Matador Della Potato!*
J'ai VRAIMENT dit El Matador Della Potato, Fanny, voyons?
OUI! Tu as dit El Matador Della Potato! AAAAH! ET PUIS DÉGAGE! VA-T'EN DANS CE PLACARD TE FOUILLER LES NARINES ET LAISSE-MOI CONTINUER L'INTRO DE MON TROISIÈME ROMAN.

Comme si je n'avais pas déjà assez de choses à régler, Teddy l'échantillon a ENCORE eu des problèmes dans sa classe. Parce que ses élèves-adultes le trouvaient trop petit, ils ont décidé de le planter dans le jardin pour qu'il pousse... COMME UNE VULGAIRE CAROTTE!

De retour au labo de bio, Derek et sa *S.W.A.T. team* ont commencé à «questionner» les restes de pâté chinois capturés.

Autre anecdote que tu te rappelles peut-être avoir lue dans le deuxième roman: de retour chez eux après une journée d'école, les jeunes ont dû préparer le souper pour leurs parents. Comme ils ont TOUS eu l'idée de faire des hot-dogs, il est arrivé ce qui devait arriver.

Ah oui, je ne voulais pas t'en parler, mais lorsque j'ai reçu ce texto de Derek à un moment GRAVE dans l'histoire, j'ai comme, euh, enfin je veux dire que je me suis sentie vraiment TRÈS TRÈS bizarre.

BIZARRE??? Pfff! Voyons, tu es tombée en amour avec Derek, tu veux dire!

DYLAN! VEUX-TU BIEN ME FICHER LA PAIX ET ALLER VOIR DEHORS SI LE PÈRE NOËL S'EN VIENT AVEC TES CADEAUX!

Fanny love Derek! Fanny love Derek! Gna! Gna!

Plus tard, selon mes directives, Dylan a pris des sous dans mon petit cochon afin de commander de la pizza au resto Le Château du pepperoni. Il a choisi une pizza... EN BOULE! Tu imagines une pizza qui a la forme d'un ballon de basketball?

Et puis, j'ai reçu ce texto de Derek. Je n'en croyais pas mes yeux quand je l'ai lu.

J'étais vraiment inquiète de savoir Derek, Cédric et Arthur en haut de l'immeuble qui avait été frappé par la foudre.

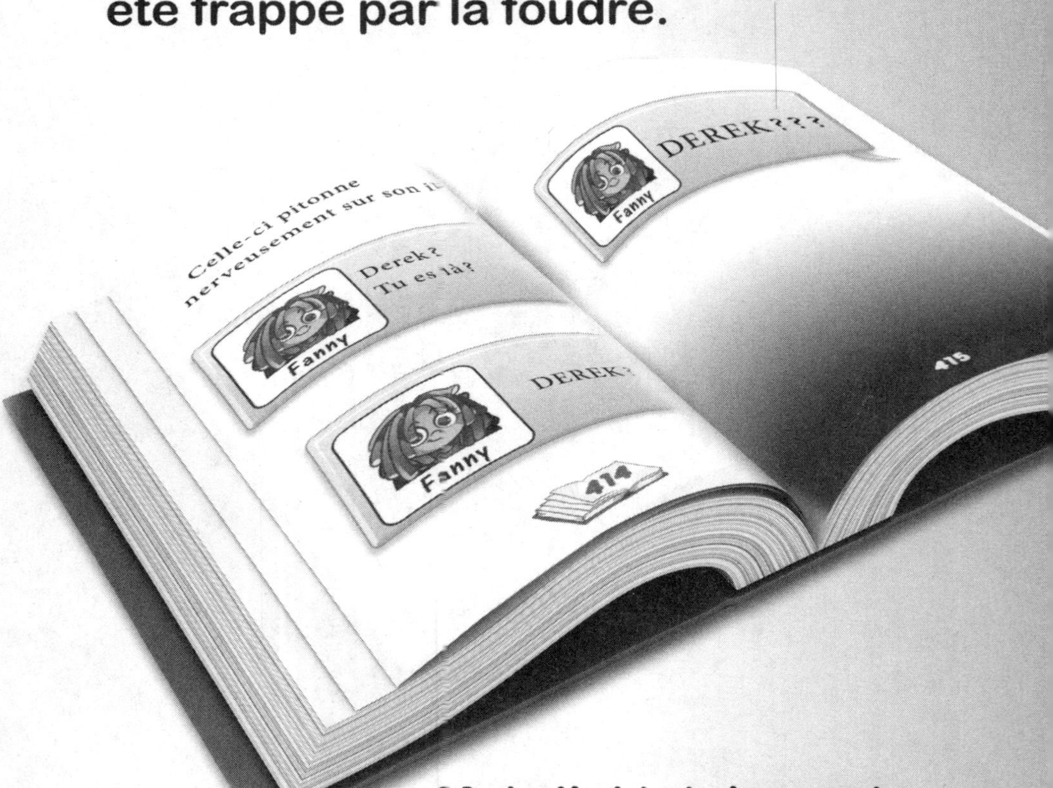

Mais j'ai totalement PANIQUÉ lorsque le tonnerre s'est mis à gronder et que mes messages à Derek sont restés sans réponse. C'est de cette façon que s'est terminé mon deuxième roman.

Dans mon troisième roman, rappelle-toi qu'il s'est passé des évènements vraiment... ÉTONNANTS!
Mon BiG à moi
LE MONDE TOTALEMENT À L'ENVERS DE
fanny
N° 3
RICHARD PETIT

Pour commencer, j'ai pensé que quelque chose de TERRIBLE était arrivé à Derek, Cédric et Arthur, comme tu peux le voir sur ces deux pages du livre.

Heureusement, j'avais tort! Toutefois, il s'est produit quelque chose de VRAIMENT bizarre. Les trois garçons ont tout d'abord cru que les éclairs avaient fait GROSSIR le iPod de Derek.

Mais c'était **TOUT LE CONTRAIRE!** Les éclairs les avaient plutôt fait **RAPETISSER!** Les trois garçons étaient maintenant petits comme des poupées. **OUI!**

— **ILS NOUS ONT QUOI?** s'énerve Arthur. **TERMINE TA PHRASE, DEREK!**

— Ils nous ont fait rétrécir, déclare enfin Derek.

Arthur et Cédric se jettent des regards étonnés.

Poussées par l'inquiétude,
Daphnée et moi nous nous sommes
précipitées rapidement vers
le grand édifice pour leur
venir en aide.

Alors que nous traversions le parc, nous avons aperçu trois silhouettes dans la pénombre. Ces silhouettes à l'apparence étrange étaient affairées à tripoter de curieux appareils électroniques. Je les ai pris en photo avec mon iPod.

Après, alors que nous avions à peine pénétré dans l'immeuble, j'ai reçu ce texto de Derek. C'était une heureuse confirmation que les trois garçons ÉTAIENT TOUJOURS EN VIE!

Mais lorsque Derek a tenté de m'expliquer que les éclairs les avaient tous les trois faits… RÉTRÉCIR! Je ne l'ai pas cru.

En colère, et croyant qu'il me niaisait, je suis retournée chez moi avec Daphnée.

Cependant... DEREK NE ME MENTAIT PAS! Après plusieurs pirouettes dignes d'un spectacle de cirque, les trois garçons sont finalement parvenus à atteindre les boutons de l'ascenseur et appuyer dessus. Ils sont ensuite descendus jusqu'au rez-de-chaussée de l'édifice.

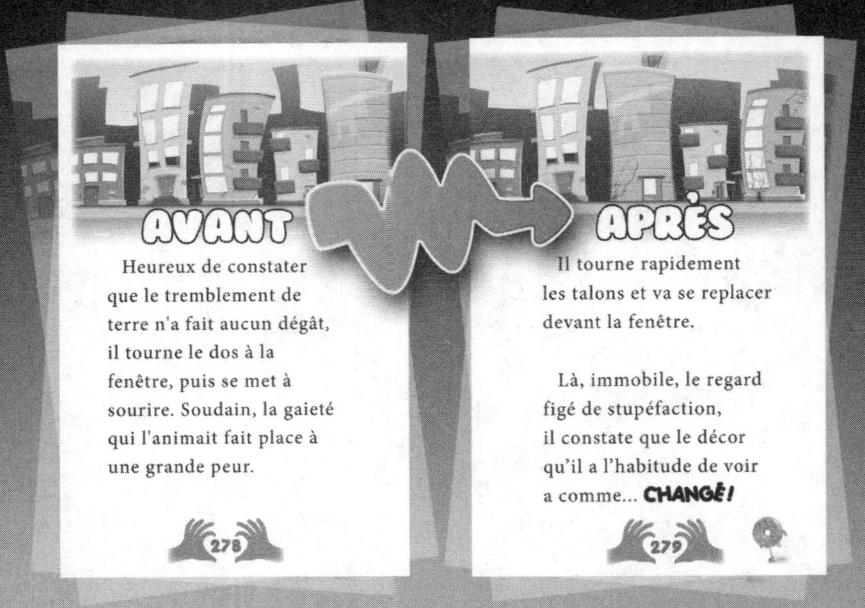
AVANT

Heureux de constater que le tremblement de terre n'a fait aucun dégât, il tourne le dos à la fenêtre, puis se met à sourire. Soudain, la gaieté qui l'animait fait place à une grande peur.

278

APRÈS

Il tourne rapidement les talons et va se replacer devant la fenêtre.

Là, immobile, le regard figé de stupéfaction, il constate que le décor qu'il a l'habitude de voir a comme... **CHANGÉ!**

279

Ensuite, alors que les trois garçons se dirigeaient chez moi, il y a eu comme un TREMBLEMENT DE TERRE. Notre ami Noah, en regardant par la fenêtre de sa chambre, a tout à coup remarqué, à sa grande stupeur, que... DES ÉDIFICES AVAIENT CHANGÉ DE PLACE DANS LA VILLE!

Lorsque Derek, Cédric et Arthur sont finalement arrivés chez moi, mon frère Dylan a été VRAIMENT étonné de voir les trois garçons aussi… MINIATURES!

Daphnée et moi aussi, tu peux t'imaginer…

Afin de
comprendre
pourquoi
les édifices
avaient changé
de place,
Noah est
parti explorer
les rues de
la ville.
C'est alors
qu'il a découvert un IMMENSE
trou dans le sol à la place
du grand édifice qui a été
frappé par des éclairs.
OUI! L'édifice avait
COMPLÈTEMENT disparu.
Il m'a AUSSITÔT texté pour
me faire part de sa découverte.

Curieuse moi aussi, j'ai rassemblé mes amis, et tous ensemble nous nous sommes rendus au bord de ce trou MYSTÉRIEUX pour investiguer.

Et maintenant, nous sommes sur le point de descendre à l'intérieur de ce trou. OUI! Et j'ai l'impression que c'est dans ce profond trou que nous allons découvrir la cause de TOUS ces évènements ÉTRANGES qui se sont produits dans notre ville...

COOL!
EN PLUS, il y a un amusant FOLIOSCOPE.
Dépose ton livre et fais tourner rapidement les pages, de la fin vers le début, pour voir Fanny t'envoyer la main.

Chapitre 1

Il n'y a jamais de fond... SANS TROU !

Fanny, Daphnée, Dylan et Noah entament la descente dans les profondeurs de l'immense trou apparu dans le sol. Parce que Derek, Arthur et Cédric n'ont toujours pas retrouvé leur apparence normale, ils doivent être transportés par leurs amis.

Tous s'inquiètent à savoir si les effets de ces éclairs

qui les ont rendus si minuscules sont temporaires ou permanents.

Alors pour se déplacer, Derek voyagera sur l'épaule de Fanny. Arthur, lui, sera transporté par Dylan, et Cédric sera sur l'épaule de Daphnée.

— Allumez tous vos lampes! leur conseille Fanny. J'y vais la première.

CLIC! CLIC! CLIC! CLIC! CLIC! CLIC!

À la file indienne, et en tête du groupe, Fanny avance. Elle pose un pied lentement sur une roche, puis le deuxième sur une autre. Elle sait qu'à tout moment elle pourrait glisser, débouler et disparaître à tout jamais dans de sombres profondeurs. Sachant que le risque est grand, Derek s'agrippe de toutes ses forces au chandail de son amie.

Cette descente s'avère des plus **PÉRILLEUSES!** Devant le groupe, en plus de la terre qui pourrait glisser à tout moment, plusieurs conduites déversent de l'eau sur les parois et rendent leur progression très difficile. À tout moment, ils pourraient **TOUS** être engloutis dans de la boue comme s'ils s'enlisaient dans de **DANGEREUX** sables mouvants.

Au-dessus de leur tête, l'ouverture du trou par laquelle ils sont arrivés se fait de plus en plus petite. C'est le signe évident qu'ils s'éloignent de plus en plus de la surface.

Parce que personne ne veut faire un faux pas, quiconque dans le groupe n'ose parler. Un silence inquiétant règne alors. Soudain, derrière Fanny…

— J'ai hâte d'ouvrir mes cadeaux à Noël ! lance de

façon fortuite
son frère
Dylan.

Fanny s'arrête, ancre ses deux pieds dans le sol, et se retourne vers son frère.

— Qu'est-ce que tu as dit?

Daphnée et Noah stoppent net derrière Fanny et son frère.

— J'ai dit que j'ai hâte d'ouvrir mes cadeaux à Noël! répète Dylan.

Tout le monde regarde le garçon avec un air d'incompréhension.

— Mais pourquoi tu dis ça? demande Fanny à son frère.

— Ben, parce que Noël c'est l'fun, pis que c'est l'fun aussi d'ouvrir des cadeaux. En tout cas, c'est plus l'fun que

se balader dans un immense trou dégoûtant.

Le regard de Fanny se crispe, elle ne comprend vraiment pas pourquoi son frère lance un truc pas rapport comme ça, maintenant.

— Oui! C'est très l'fun Noël, tout le monde aime ça, mais pourquoi tu dis ça, là, en ce moment?

Dylan hausse les épaules.

— Je ne sais pas trop, comme ça.

Fanny fait rouler ses yeux dans leurs orbites pour montrer à ses amis qu'elle trouve ridicules les propos incohérents de son frère.

— Arrête de penser à Noël, pis concentre-toi, lui somme sa sœur. Je ne veux pas que tu déboules et que tu te casses une jambe parce qu'à Noël, tu risques de recevoir du père Noël… **QUE DES BÉQUILLES!**

Fanny lance ensuite un clin d'œil à Daphnée. Son amie se mord les lèvres pour ne pas rire très fort.

Alors que tous reprennent leur descente…

— Il y a aussi la fête de Pâques, en remet Dylan. C'est **TRÈS** bon du chocolat.

Assis sur l'épaule de Fanny, Derek se penche pour lui murmurer à l'oreille.

— Je pense que ton frère vient de se trouver une autre maladie.

— L'Halloween aussi ! continue Dylan. C'est bon des bonbons.

Fanny stoppe à nouveau.

— **BON! ÇA Y EST!** s'impatiente-t-elle. Tu ne vas pas nous tomber sur les nerfs avec une autre de tes supposées « maladies » ? Ça ne te tente pas de, genre, juste perdre la voix ? Ça ferait du bien à nos oreilles.

Dylan contourne sa sœur pour passer devant elle.

— Pas moi qui choisis, tsé. Ça arrive comme ça. N'oublie pas ma fête, Fanny, c'est le 20 avril. Je veux beaucoup de cadeaux.

— Je vais t'acheter un billet d'avion, un billet **ALLER SEULEMENT!**

— Pour aller où? Dans quel pays? demande Dylan.

— C'est où ça, Loin? C'est un pays ça, Loin? la questionne Dylan.

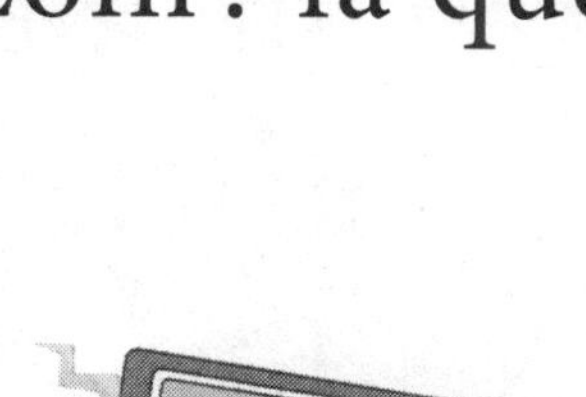

Fanny pointe son frère d'un air sévère avec son index, et ensuite la voie sombre devant lui.

— **IDIOT! LAISSE FAIRE! CONTINUE!**

Chapitre 2

Le maïs de l'espace

Pendant ce temps,
en haut, sur la terre ferme…

Publié à 01 h 43 par Xavier.

HEY LA GANG !

Vous avez entendu la dernière ? Fanny, Daphnée, Dylan, Noah, Derek, Arthur et Cédric sont dans le trou.

Publié à 01 h 45 par Diego.

KWA! Ils sont dans le trou ? Ah ! je ne savais pas. Je peux casser mon petit cochon et leur donner mes sous.

Publié à 01 h 46 par Xavier.

Mais qu'est-ce que tu racontes là, Diego ?

Publié à 01 h 47 par Diego.

S'il faut, nous ferons une levée de fond pour leur venir en aide. Lorsque quelqu'un est dans le trou, ça veut dire qu'il est en difficulté, souvent financière. C'est mon père qui m'a dit ça. Le savais-tu, toi, Xav?

Publié à 01 h 48 par Xavier.

Publié à 01 h 50 par Diego.

OUI! Mes parents m'ont aussi appris qu'il fallait **TOUJOURS** aider ceux qui sont dans le besoin, dans le trou.

Publié à 01 h 51 par Xavier.

MAIS NON, SOMBRE IDIOT! Ils sont **RÉELLEMENT DESCENDUS DANS UN GRAND TROU!**

Publié à 01 h 52 par Juliette.

Quel trou ?
De **KWA** tu parles,
Xav ?

Publié à 01 h 55 par Xavier.

Noah a découvert un immense trou à la place du grand édifice. Ils sont tous partis voir ce qui se passe. Ça a sûrement rapport avec tous les problèmes que nous avons avec nos parents.

Publié à 01 h 56 par Jason.

Je ne veux pas vous faire peur les amis, mais ça ne s'améliore pas. Ça devient…

DE PLUS EN PLUS GRAVE.

Vous ne me croirez pas!

Publié à 01 h 58 par Leïla.

Qu'est-ce que tu veux dire **J**? Qu'est-ce qui se passe?

Publié à 02 h 03 par Jason.

Lorsque j'ai finalement réussi à endormir mes parents, après leur avoir lu, **OUF!** huit histoires, j'ai voulu écouter un film. J'ai alors mis un sac de popcorn dans le four à micro-ondes. Quelques secondes après avoir appuyé sur le bouton, la porte du four a volé en éclats pis des dizaines de gros popcorns sont sortis… **AUSSI GROS QUE…**

DES ORANGES! Comme des bêtes sauvages, ils se sont ensuite jetés sur moi. Je me suis réfugié dans la salle de bain. Là, ils sont en train de gruger la porte avec leurs dents. Ils vont finir par entrer, c'est certain... **VENEZ À MON AIDE LA GANG! VITE!**

Publié à 02 h04 par Leïla.

TU NIAISES???

Nooooon!

Publié à 02 h 05 par Jason.

JE LE JURE!
C'EST VRAI!
VITE! Mes parents sont en sécurité en haut au deuxième. Moi, par contre, je sens que je vais être **SÉRIEUSEMENT** dans le trouble dans pas long.

Publié à 02 h 07 par Xavier.

ENCORE DU MAÏS??? Vous avez vu? Comme le maïs dans le pâté chinois! Voilà la source de tous nos problèmes. **LE MAÏS! OK MAN!** T'en fais pas! On arrive. **COMPRIS LA GANG?**

Publié à 02 h 08 par Leïla.

CHU LÀ!

Publié à 02 h 09 par Juliette.

J'ARRIVE JASON! TIENS BON!

Publié à 02 h 10 par Diego.

LA CAVALERIE ARRIVE, MON CHUM!

Publié à 02 h 12 par Renaud.

MOI AUSSI J'ARRIVE, AVEC MON PRESSE-JUS! ILS VONT PASSER PAR LÀ TES ORANGES, TU VAS VOIR.

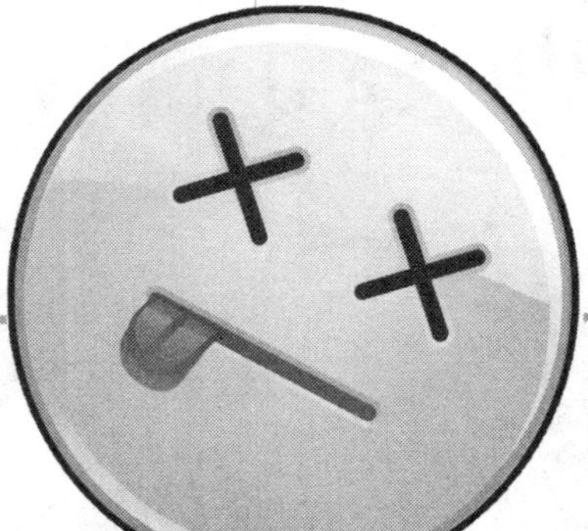

(Ajouter un commentaire /
19 commentaires jusqu'ici sur ce sujet)

Chapitre 3

Rencontre avec l'ancêtre des chicken wings

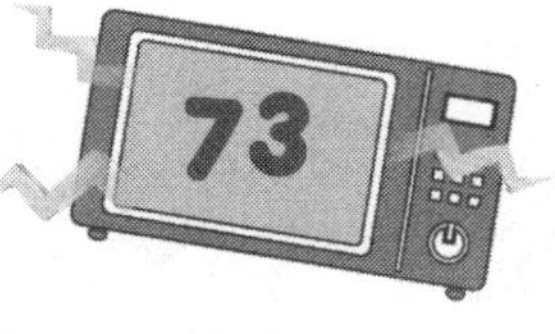

Dans les profondeurs du grand trou, quelques heures plus tard...

Fanny et ses amis s'apprêtent maintenant à contourner un étroit passage, vraiment **DANGEREUX**.

En effet! Plusieurs grosses roches et rochers en équilibre précaire sont entassés pêle-mêle de chaque côté de la voie devant eux.

— **OH! OH!** Nous devons **ABSOLUMENT** parvenir à passer à travers ce dangereux amoncellement si nous voulons continuer, leur dit Fanny. C’est la seule voie.

Fanny prend position à l’entrée du passage et se met à diriger ses amis. Immobile près de l’un de ces rochers, et forcée au silence par la crainte de provoquer un éboulement, elle les dirige à l'aide de grands gestes vers l'autre côté, sur un plateau sécuritaire...

Après que le dernier de ses amis soit passé, elle s'y engage elle aussi. Avec d'infimes précautions, elle parvient à les rejoindre. Une fois arrivée elle aussi sur le plateau, elle s'arrête et propose une halte, question que tous puissent reprendre leur souffle.

Les yeux vers le ciel, les sept amis regardent maintenant

le minuscule trou très loin au-dessus de leur tête. La grande ouverture par laquelle ils sont entrés n'est maintenant qu'un minuscule point à peine lumineux.

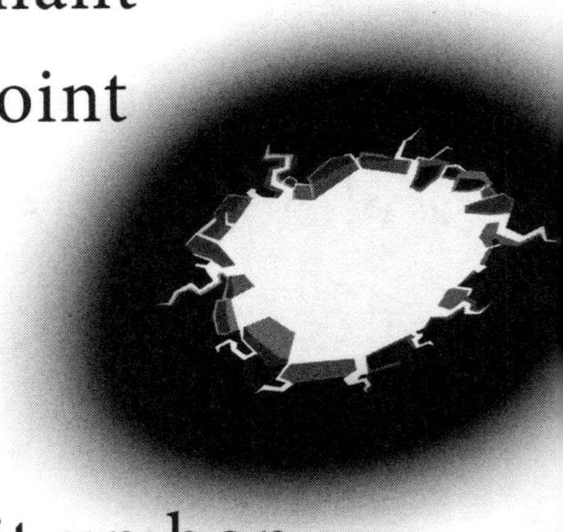

— Nous avons fait un bon bout de chemin, Fanny, lui fait remarquer Daphnée, et il ne semble rien y avoir ici à part de la terre et des roches. Il n'y a aucune trace du grand édifice.

La jeune fille pointe le sol avec sa lampe.

— Il n’y a rien, sauf nos traces de pas comme tu peux voir. Je ne suis pas certaine que nous allons finir par trouver quelque chose dans cet endroit puant, Fanny.

Fanny, Daphnée et Noah s’assoient tous les trois par terre. Dylan, lui, a trouvé une place sur ce qu’il croit être une grosse roche.

MAIS IL N'EN EST RIEN!

Noah a cependant remarqué sur quoi son ami a posé les fesses.

— **EUH!** Dylan, fais celui-ci en pointant son siège de fortune. T'as sans doute pas remarqué, mais la roche sur laquelle tu es assis a deux grands trous sur le devant, et comme, des trucs pointus…

DES DENTS!

Dylan se penche pour regarder, puis bondit comme un ressort lorsqu'il se rend compte qu'il est assis sur une espèce de.... **GROSSE TÊTE!**

— **MY GOD!** s'écrie Noah alors qu'il réalise de quoi il s'agit... **C'EST UNE TÊTE DE DINOSAURE!**

AAAAAHHHHH!

— **NE ME MANGEZ PAS, MONSIEUR LE DINOSAURE!** se met à crier haut et fort Dylan. **JE SUIS TOUT MAIGRE ET IMMANGEABLE! PRENEZ PLUTÔT MA GROSSE SŒUR BIEN DODUE!**

— **DU CALME DYLAN!** le rassure Noah. Ce dinosaure est mort depuis très très longtemps. Il ne s'agit que d'un fossile. Tu n'as rien à craindre. Du fossile en tout cas. À ta place, je me soucierais plutôt de ta sœur que tu as traité de… **GROSSE!**

NOAH A RAISON! Insultée, Fanny se lève et campe ses deux poings sur ses hanches.

— **PARDON!** s'écrie-t-elle en colère. Je suis **QUOI?**

Et, elle dévisage son frère d'un air rageur.

— **DODUE**! répète-t-elle, attendant une explication de son frère.

— Bah, je m'excuse, Fanny. C'est juste que moi, je suis comme un squelette et toi, tu es juste normale, c'est tout.

Fanny ne respire que par ses narines comme un taureau prêt à charger. Cherchant à changer le ton de la discussion, Noah s'approche du gros crâne.

— À voir la dimension de cette tête et les ossements éparpillés autour, explique le jeune garçon maintenant à genoux devant le fossile, ce dinosaure devait avoir douze mètres de haut. Les dents pointues nous montrent qu'il s'agit d'un prédateur bipède, un tyrannosaure de la fin du crétacé, il y a de cela soixante-cinq millions d'années. Il devait peser plus de six tonnes. C'est bien plus que toi, ça, hein, Fanny?

Et, il lui fait ensuite un clin d'œil, car, bien sûr, il ne fait que blaguer.

— Mais, comment tu fais pour savoir tout ça ? lui demande Cédric maintenant debout sur l'épaule de Daphnée pour mieux voir.

— Je ne sais pas, c'est comme naturel, lui explique Noah. Je suis comme attiré par les os qui sont en fait la structure de tous les vertébrés, comme ce fossile de dinosaure.

— **TU AIMES LES OS ?** Comme le pékinois de ma tante Yvonne, lui dit Arthur.

Tout le monde se met à rire.

— Aimes-tu les *chicken wings* aussi, lui demande bien innocemment Dylan, parce qu'il y a des os dans les *chicken wings*, le savais-tu ?

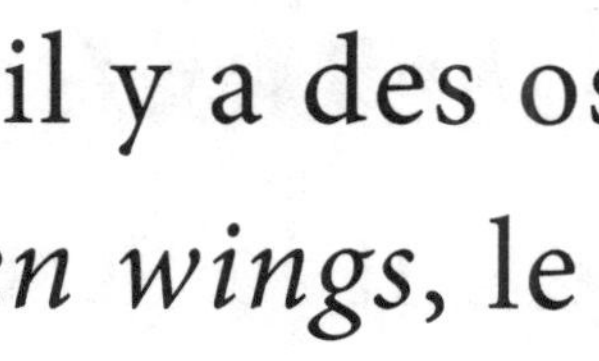

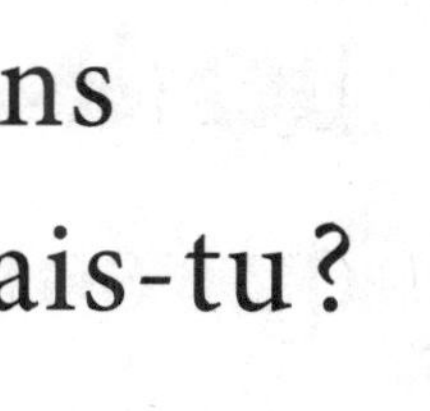

Fanny s'empresse de répondre à la place de Noah.

— Ce que tu peux être nouille, toi, des fois! le gronde sa sœur. Cesse de dire des niaiseries.

Dylan se met soudain à entonner une chanson.

— **BONNE FÊTEUUU! BONNE FÊTEUUUU!**

Fanny l'arrête.

— **MAIS QU'EST-CE QUE TU FAIS?**

— Bien, je chante bonne fête au fossile de dinosaure, lui répond son frère d'un air sérieux. Noah a dit que ce squelette avait soixante-cinq millions d'années, alors, je lui chante bonne fête.

— Ben, j'ai jamais dit que ce fossile avait soixante-cinq millions d'années, précisément **AUJOURD'HUI**, lui précise Noah.

— **BONNE FÊTEUUU!** reprend tout de même Dylan.

— **MAIS ARRÊTE, JE T'AI DIT!** lui ordonne sa sœur.

— Mais Fanny! lui avoue son frère. Je ne peux pas m'empêcher de le faire, c'est plus fort que moi. **BONNE FÊTEUUU! BONNE FÊTEUUU!**

— Ce n'est pas vrai, je vis un cauchemar éveillé, là?

Derek se penche à nouveau dans l'oreille de Fanny.

— Je pense que ton frère est comme ça à cause du pâté chinois, ou des éclairs, cherche

à comprendre lui aussi le garçon. Il faut vite continuer notre chemin, Fanny, car j'ai comme la désagréable impression que ses problèmes vont aller en empirant.

Tout à coup…

Fanny reçoit un texto. Tous ses amis se tournent vers elle.

— Mais qui t'écrit ? veut savoir Derek qui étire le cou pour tenter de voir l'écran du iPod de Fanny dans sa poche.

La jeune fille plonge la main dans celle-ci, retire le petit appareil et le place devant son visage. Après plusieurs longues secondes de silence, elle le baisse. Tout le monde a remarqué sa mine déconfite et celle de Derek qui lui aussi a vu l'écran.

— Qui c'est Fanny? s'empresse de demander Daphnée. **C'EST QUI?**

— **C'EST... C'EST...** bafouille son amie. **C'EST...**

— **C'EST QUI FANNY?** insiste Daphnée.

Fanny finit par répondre.

— C'est... C'est...

IMPOSSIBLE!

Chapitre 4

Il ne faut pas être PRESSÉ pour combattre des oranges

Arrivés devant la maison de Jason, Xavier et ses amis s'arrêtent question de reprendre leur souffle. Lors du trajet, plusieurs d'entre eux ont dit qu'ils craignaient que Jason ne cherche qu'à les faire marcher.

Ils ne croient pas trop cette **DRÔLE** d'histoire dans laquelle il serait sur le point de se faire attaquer par de voraces grains de... **POPCORN GÉANTS MUNIS DE DENTS POINTUES!**

ET AVEC RAISON !

Xavier prend la parole.

— Moi, je sais ce que nous allons faire.

Tous se tournent vers lui.

— Je pense que nous devrions faire comme nous avons fait

à la résidence pour personnes âgées, à l'Halloween.

— Pardon ? demande Juliette qui, sans attendre la réponse de son ami, poursuit. Tu veux que l'on entre **TOUS** dans la maison en hurlant comme des monstres ?

— **BEN OUI !** lui répond Xavier, sourire en coin. Rappelez-vous, il y a eu deux vieux messieurs, pis une vieille madame, qui ont fait une crise de cœur !

— Mais, tu es complètement **ZINZIN!** tente de le raisonner Leïla. Ton plan est aussi ridicule que toi. Qu'est-ce qui te dit que ces popcorn ont un cœur à part de ça? Sans farce. Ça prend un cœur, tu sais, pour justement... **FAIRE UNE CRISE DE CŒUR!**

— Nous devrions plutôt regarder discrètement par la fenêtre pour voir à qui **OU À QUOI** nous devons faire face, propose Renaud.

— BONNE IDÉE  admet Leïla. Et, pour voir aussi si ce petit comique de Jason ne nous fait pas marcher.

Discrètement, sur la pointe des pieds, les cinq amis gravissent les marches et atteignent le balcon. Là, accroupis, ils posent leurs genoux lentement sur les planches et lèvent leur tête

devant la fenêtre. Ce qu'ils voient les pousse tous à prendre une grande inspiration de frayeur.

De l'autre côté de la fenêtre, à l'intérieur de la maison, plusieurs **GROS** popcorn sautillent d'un fauteuil à l'autre comme des bambins turbulents.

Sur la table, un grand verre de boisson gazeuse a été renversé.

Sur le plancher, un popcorn sautille sans s'arrêter sur la zappette de la télé qui, elle, naturellement, va d'une chaîne à l'autre après chaque saut. Trois autres grains de popcorn ont entrepris de mastiquer et manger le beau tapis.

JASON NE MENTAIT PAS !

Sa maison est bel et bien envahie par de répugnantes petites créatures.

Devant cette incroyable situation, les cinq amis se laissent tous **LENTEMENT**

choir sur les planches du balcon.

— On fait quoi là, la gang? demande Renaud. Il faut **ABSOLUMENT** sortir Jason de là avant qu'il ne se fasse croquer par ces **MINI** monstres.

— Il faudrait peut-être aller voir à l'arrière de la maison, suggère Diego. Il doit y avoir une petite fenêtre qui donne sur la toilette.

BONNE IDÉE !

— **ON Y VA!** lance Juliette.

En moins de deux, les cinq amis se retrouvent juste sous une petite fenêtre qu'ils **ESPÈRENT** être la salle de bain où s'est réfugié Jason. Par contre, cette fenêtre est malheureusement inaccessible, parce qu'elle est trop haute et fermée. Impossible donc de faire un signe à leur ami

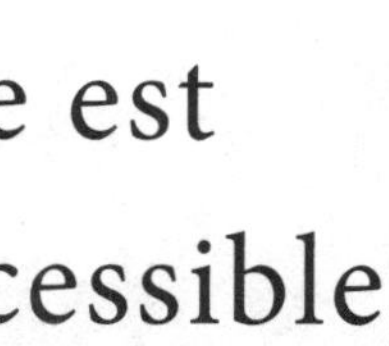

pour lui montrer qu'ils sont arrivés.

À moins que...

— **JE VAIS LUI TEXTER!** songe tout haut Diego. J'ai mon iPod.

Jason! Nous sommes là, dehors! Sous la fenêtre de la salle de bain. Enfin, je pense que c'est la fenêtre de ta salle de bain.

OUVRE POUR VOIR!

OK!

Après un déclic sourd, la fenêtre se soulève, et la tête de Jason apparaît dans l'ouverture.

Yééééééé !

— MERCI MES AMIS ! leur dit-il à plusieurs mètres de la terre ferme. Si vous pouviez aller chercher la balançoire dans le fond du jardin et la placer sous la fenêtre, je pourrais m'en servir comme échelle et descendre.

En conjuguant leurs forces, Renaud, Leïla, Juliette, Diego et Xavier parviennent à tirer, pousser et traîner le gros et lourd meuble de jardin, jusqu'à ce qu'il soit positionné juste au bon endroit.

— **VAS-Y !** lance alors Diego à son ami Jason, une fois le meuble bien placé.

Mais, lorsque ce dernier s'apprête à se glisser hors de sa maison… **IL EST TIRÉ D'UN COUP SEC VERS L'INTÉRIEUR!** Des bruits de bagarre éclatent tout à coup et résonnent dans le calme de la nuit.

Comme une fusée, Renaud escalade la structure du meuble et atteint la fenêtre. Par l'ouverture, il aperçoit Jason. Son ami est tiré par les pieds par plusieurs de ces popcorn diaboliques.

OH NOOOON!

Le jeune garçon ne pouvait pas imaginer une telle scène, même dans le pire de tous ses cauchemars.

Dans une ultime tentative, Renaud parvient à saisir la main de son ami qui s'était agrippé à la poignée de porte de la commode à serviettes.

En y mettant toute la gomme, il parvient à libérer Jason des griffes des petites créatures et le sortir à l'extérieur.

Dans la salle de bain, rageurs, les popcorn se mettent à gambader partout dans la petite pièce. Avant de redescendre, Renaud referme rapidement la fenêtre pour éviter que ces vilaines créatures ne sortent de la maison.

Autour de Jason, tous les amis se regroupent.

— **C'ÉTAIT QUOI ÇA?** demande avec insistance Renaud, apeuré.

Son cœur bat terriblement vite.

— Je n'en ai aucune idée! lui répond Jason. J'ai seulement

voulu me faire du popcorn au four à micro-ondes, c'est tout.

Tout le monde cherche une explication.

Soudain…

Xavier reçoit un texto.

— C'est Maya qui m'écrit.

XAV! VIENS VITE CHEZ MOI! VITE! VITE! VITE! VITE! VITE!

PK? Qu'est-ce qui se passe?

Xavier a beau relire le texto de son amie plusieurs fois, il a naturellement peine à la croire.

Dis-moi que tu as mal tapé, tu as bien écrit… **PIZZA VOLANTE?**

Oui! **PIZZA VOLANTE!** Elle a fait voler en éclat la porte du four à micro-ondes, pis là, elle me pourchasse sans cesse dans toutes les pièces de la maison. **VIENS À MON SECOURS, XAV!**

Nous arrivons
dans cinq!
TIENS BON!

Nouille

— Qu'est-ce qu'il y a, Xavier? tient à savoir Leïla. Maya est dans le trouble elle aussi?

— Oui! Nous devons y aller tout de suite.

— C'est à cause du maïs encore? demande Jason.

— Non ! répond Xavier, maintenant pensif.

Le visage de ce dernier s'illumine *tout* à coup.

— Ce n'est pas le maïs qui est le problème, notre problème, en fait, réalise-t-il tout à coup à voix haute, sont les ondes.

— **MAIS QU'EST-CE QUE TU DIS LÀ?** s'écrie Juliette. Jason vient juste de se faire

attaquer par du maïs soufflé. T'as déjà oublié?

— Mais non je n'ai pas oublié, tu penses, lui répond Xavier. Je le répète, ce n'est pas le maïs qui est la source de nos problèmes. Car... **IL N'Y A PAS DE MAÏS SUR UNE PIZZA ET MAYA A ÉTÉ ATTAQUÉE PAR UNE PIZZA!**

Ses amis le regardent maintenant d'un air curieux.

— Qu'est-ce que tu veux que ce soit alors ? veut savoir Juliette.

Tout le monde attend avec intérêt la réponse de Xavier.

— **CE SONT LES ONDES DES FOURS À MICRO-ONDES QUI FONT ÇA, PAS LE MAÏS !** leur répond-il en regardant dans le vide devant lui. Tout ce qu'un four à micro-ondes fait cuire ou réchauffer, eh bien, il le transforme. Il va falloir que je texte notre trouvaille à Fanny, termine-t-il. Allons secourir Maya avant.

ÇA PRESSE PLUS!

— Voilà ce qui explique pourquoi nous pouvons utiliser nos iPod partout dans la ville, réalise Renaud. Il y a des ondes partout, plus besoin d'un signal Wifi avec toutes ces ondes.

— Et dire que nous avons tous cru que le pâté chinois était le coupable, s'exclame à son tour Leïla.

— **SUIVEZ-MOI!** leur lance Diego. Je sais où elle habite. Je connais un raccourci.

Chapitre 5

De Fanny... À FANNY!

Fanny soulève son iPod pour regarder à nouveau le texto qu'elle a reçu. **MÊME RÉACTION!** Elle semble totalement abasourdie. Daphnée s'approche d'elle lentement.

— Qui t'a envoyé ce texto, Fanny?

— C'est le père Noël! répond à sa place Dylan. Il appelle comme ça des fois pour savoir si nous avons tous été gentils.

Près de lui, Noah grimace de pitié. Il est un peu désolé de constater que la condition de Dylan ne va pas en s'améliorant.

Sur l'épaule de Fanny, Derek hoche la tête. Il n'en revient pas lui non plus.

— **MAIS C'EST QUI, FANNY?** insiste Daphnée.

— C'est le père Noël que je vous dis, reprend de plus belle Dylan.

Noah s'impatiente.

— **VEUX-TU ARRÊTER?** Va donc voir ce qu'il y a dans les trous de nez du tyrannosaure, et laisse-nous tranquilles.

Dylan prend au mot son ami. Il se penche aussitôt et se met à scruter les deux orifices nasaux du crâne fossilisé.

Noah n'en revient tout simplement pas du comportement bizarre de Dylan. Hébété, il lève les yeux vers le ciel.

Debout, la bouche toute grande ouverte d'étonnement, Fanny demeure complètement immobile.

— **FANNY!** retente Daphnée pour la sortir de sa torpeur.

Cette dernière lève finalement son bras pour lui montrer l'écran de son iPod.

Les yeux de Daphnée deviennent aussi grands que des pièces de deux dollars.

— **MAIS C'EST QUOI ÇA?** s'écrie-t-elle, abasourdie.

Fanny ne fait que hocher la tête de gauche à droite. Elle n'en a aucune idée.

— On dirait un texto de toi... **À TOI!** réfléchit Derek agrippé aux cheveux de Fanny pour ne pas tomber par terre.

— Mais c'est impossible ça ! réplique la jeune fille. Je ne peux pas m'envoyer un texto à moi-même. On ne peut pas faire ça.

Autour de Fanny, tout le monde s'est rassemblé. Sauf Dylan qui est maintenant à genoux et prospecte les trous du fossile du tyrannosaure…

AVEC SON DOIGT !

— Tu crois qu'il s'agit d'un autre stupide tour de ce stupide Xav? cherche à comprendre Noah. Si c'est cet idiot qui a texté ça, en un moment pareil, il va passer un mauvais quart d'heure, je vous le promets. **NON!** Deux mauvais quarts d'heure.

— Ça fait une demi-heure ça, non? calcule Arthur,

naïvement. Donc, tu vas lui faire passer une **MAUVAISE DEMI-HEURE!**

— **BEN NON!** répond ensuite Fanny à Noah. Ça ne peut pas être Xavier, il y a mon avatar à moi dans le texto, pas le sien.

Plusieurs secondes de silence s'écoulent, avant que, encore une fois...

— **NOM D'UNE PINOTTE!** s'écrie Fanny. Un autre texto.

Elle n'ose pas regarder. À la place, elle lève son iPod devant le visage de Daphnée pour qu'elle puisse voir le texto.

Le regard de son amie fige devant l'écran du iPod.

— **BEN QUOI?** veut savoir Fanny maintenant intriguée. C'est qui?

— Ben c'est un autre texto de toi, lui répond Daphnée en ne quittant pas le petit appareil des yeux.

Fanny fait tourner son iPod pour voir. C'est effectivement un autre texto…
D'ELLE-MÊME!

Ben, répond Fan si tu es là, si tu reçois mes textos.

— **EN PLUS, LA PERSONNE QUI M'ÉCRIT CONNAÎT MON SURNOM!** s'étonne la principale intéressée. Elle a écrit Fan, à la place de Fanny.

Daphnée fait «oui» avec sa tête.

— Je fais quoi là ? s’interroge Fanny.

— **BEN, RÉPONDS !** lui suggère Derek. C’est la seule façon de savoir qui t’écrit, voyons.

Toujours accroupi près du fossile, Dylan a entendu.

— Qui a dit « voyons » ? Ce n’est pas poli de dire « voyons », vous savez ?

— Voilà autre chose maintenant, se décourage Cédric, assis confortablement sur l'épaule de Daphnée. Ce n'est pas poli de dire « voyons » ?

— Et, il nous vouvoie en plus ! ajoute Arthur, lui, pas chanceux, d'être toujours assis sur l'épaule de Dylan. Il nous prend pour des vieillards !

— **BEN OUI, RÉPONDS, FANNY!** reprend Daphnée.

Fanny inspire profondément et se met à taper sur les touches de son iPod.

— Je sais quoi écrire! dit-elle à ses amis. Je vais poser à cette personne une question à laquelle seule moi pourrais répondre. De cette façon, elle sera piégée et devra nous avouer son identité.

— **BONNE IDÉE**  répondent tous en chœur ses amis, telle une chorale.

Allô, Fanny, c'est moi Fanny. (Ça fait **TRÈS** bizarre d'écrire ça.) Oui, je suis là, je reçois bien tes textos. Mais dis-moi, quel est le mot de passe pour ouvrir mon iPod? Je l'ai comme oublié.

Fanny appuie ensuite sur la touche «Envoyer»...

— Attendons voir maintenant!

Quelques secondes passent, puis…

Voici le mot de passe : «j_aime_mon_ipod».

La mâchoire de Fanny tombe presque par terre. Ses amis ont tous compris que l'autre Fanny a répondu…

CORRECTEMENT !

— Je croyais que c'était moi que tu aimais, Fanny! la questionne Derek, attristé.

— Tu vas écrire quoi maintenant? demande Daphnée.

Fanny ne semble pas avoir entendu les questions de ses deux amis. Elle ne leur répond pas ni les regarde. Concentrée, elle s'assoit plutôt confortablement sur le sol et commence à texter. Daphnée et Noah se placent derrière elle afin de suivre la conversation.

Mais, comment tu as fait pour deviner **MON** mot de passe de iPod?

Fanny secoue la tête comme pour se réveiller.

— Mais, ce n’est pas possible ça! Il ne peut **PAS** y avoir deux moi, tente-t-elle de s’expliquer.

Derrière Fanny, ses amis essaient eux aussi de comprendre ce qui se passe.

Tu ne peux pas être moi, parce que, euh, moi je suis moi. Et, je peux le prouver, car Derek est avec moi, Daphnée, Dylan, Noah, Arthur et Cédric aussi.

La réponse de la « deuxième » Fanny ne se fait pas attendre.

Daphnée, Dylan, Noah, Arthur et Cédric sont avec moi aussi.

Fanny regarde le texto d'un air **TOTALEMENT** dépassé...

Derrière elle, ses amis arborent le même air abattu.

Mais, comment as-tu fait pour savoir où je suis?

Parce que je t'ai vue au loin, nous sommes dans le trou nous aussi. Nous nous apprêtons à entrer dans une profonde galerie, là, de l'autre côté.

Fanny se lève sur la pointe de ses pieds pour regarder le plus loin qu'elle peut.

Je ne te vois pas.
Je ne vois rien.

Tout à coup, elle remarque de minuscules faisceaux de lampes au lointain.

Vois-tu nos lampes maintenant?

OUI!

Marchez vers la droite, nous allons vous rejoindre...

— Allons-y, la gang! ordonne Fanny ensuite. C'est là-bas, où il y a ces lumières, que nous allons connaître l'identité de celle qui réussit si bien à se faire passer pour moi.

Chapitre 6

Un Frisbee extra large, avec pepperoni et fromage...

Après avoir couru pendant plusieurs minutes avec ses amis, Diego se rend compte tout à coup qu'il est MALHEUREUSEMENT déjà passé dans cette rue... PLUSIEURS FOIS MÊME!

Il s'arrête net et écarte les bras de chaque côté de lui pour aussi stopper le groupe.

— QUOI? fait Juliette qui ne s'y attendait pas.

— Nous sommes passés par ici tantôt, lui répond Diego. **NOUS TOURNONS EN ROND!**

— Mais, tu disais que tu connaissais un raccourci? lui rappelle Leïla.

— Je sais, mais il y a comme des maisons et des commerces qui ont changé de place.
Je ne comprends pas.
Je ne m'y retrouve plus.

Ensemble, ils se mettent tous à examiner les alentours. En effet, juste sous leurs yeux, se tient, côte à côte, la crèmerie des P'tits Cochons et la quincaillerie du Marteau. Ces deux commerces sont censés être sur des rues **DIFFÉRENTES**. Qu'est-ce qu'ils font ici l'un à côté de l'autre?

Au milieu du groupe, l'air grimaçant, Xavier se met soudain à pointer le ciel.

— Qu'est-ce qu'il y a? demande Renaud en levant la tête.

Les autres font la même chose.

— Vous avez vu le ciel? leur demande Xavier.

— **BEN OUI!** lui répond Juliette. Nous sommes au beau milieu de la nuit, c'est normal qu'il fasse nuit noire.

— Y’a pas d’étoiles! lui fait remarquer le garçon... **PAS UNE SEULE ÉTOILE!**

— **MAIS OUI, IL Y EN A UNE!** Une **SUPER GROSSE**, là! leur montre Jason.

— C’est la lumière du lampadaire... **NOUILLE!** le corrige Juliette.

— Il y a quelqu’un qui a volé les étoiles? demande alors Jason.

— Tu dis n'importe quoi!

— Des parents qui retombent en enfance, des popcorn qui prennent vie, des édifices qui changent de place et maintenant des étoiles qui disparaissent, s'exclame Juliette. Ça ne se peut pas des choses comme ça.

— Tu as oublié la **PIZZA** à Maya, qui, elle, se prend pour un Frisbee, ajoute Xavier.

— Ah ouais !

Au beau milieu de la rue, Diego se soulève sur la pointe de ses pieds et étire le cou pour voir par-dessus les maisons devant lui.

— **AH! J'AI TROUVÉ LA MAISON DE MAYA!** C'est la cheminée rouge au-dessus du toit de la crèmerie… **C'EST JUSTE DERRIÈRE!**

Au pas de course, toute la bande s'y rend d'un pas pressé. Arrivé sur le trottoir juste en face de la maison de Maya, Xavier la texte.

Maya ! Nous sommes juste devant ta maison. Où es-tu ?

Je suis à l'entrée, prisonnière dans le salon. Je ne peux pas bouger, car la pizza n'arrête pas de me bloquer le chemin.

Qu'est-ce que tu veux qu'on fasse?

Je pense que vous devriez faire comme nous avons fait à la résidence pour personnes âgées, à l'Halloween. Entrez tous les six dans la maison en hurlant comme des monstres. Et, comme les deux vieux messieurs, pis la vieille madame, cette pizza diabolique fera sans doute une crise de cœur en vous voyant!

Xavier montre le texto de Maya à Leïla.

— **NON, MAIS CE N'EST PAS VRAI!** lance cette dernière, découragée. Je pensais qu'il n'y avait que **TOI** qui étais **ZINZIN!**

Xavier range son iPod dans sa poche.

— **À GO!** Vous me suivez en criant le plus fort que vous pouvez.

Autour de lui, tout le monde serre les poings.

— **GO !**

Diego se place rapidement devant le groupe et les arrête tous avec ses deux mains, **ENCORE UNE FOIS !**

— **MAIS QU'EST-CE QUE TU FAIS, DIEGO ?** cherche à comprendre Xavier. **ÉCARTE-TOI ! IL FAUT Y ALLER TOUT DE SUITE !**

— T’as pas dit « **À GO!** »,
t’as juste dit « **GO!** ».

Xavier ferme les yeux en signe de découragement.

— **À GO! ALORS!**

Et, ils foncent tous vers la porte d’entrée comme une puissante locomotive. Une fois la porte défoncée, ils entrent **TOUS** dans la maison l’un à la suite de l’autre en hurlant!

— HAAAAAAAAR! crie Xavier en tête.

— GRRRRRRRRRRRR! grogne derrière lui Renaud.

— YIIIIIIIIIIIIIIII!

rugit Juliette les deux bras brandis comme si elle était un ours.

— YOUUUUUUUUUUUUUU!

hurle Leïla tel un fantôme.

— WOU-WOUUUUUUUUU!

aboie à tue-tête Jason qui se prend pour un loup-garou.

— KA-KAAAAAAAA!

gueule Diego pour imiter le cri d'une tortue ninja.

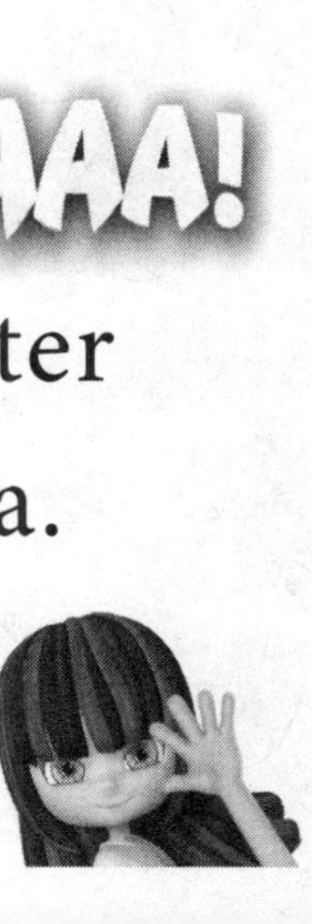

Mais, malheureusement, tout ce boucan impromptu n'a **AUCUN** effet sur la pizza diabolique. Au contraire, elle se met alors à tournoyer encore plus vite sur elle-même pour ensuite foncer en direction des six amis.

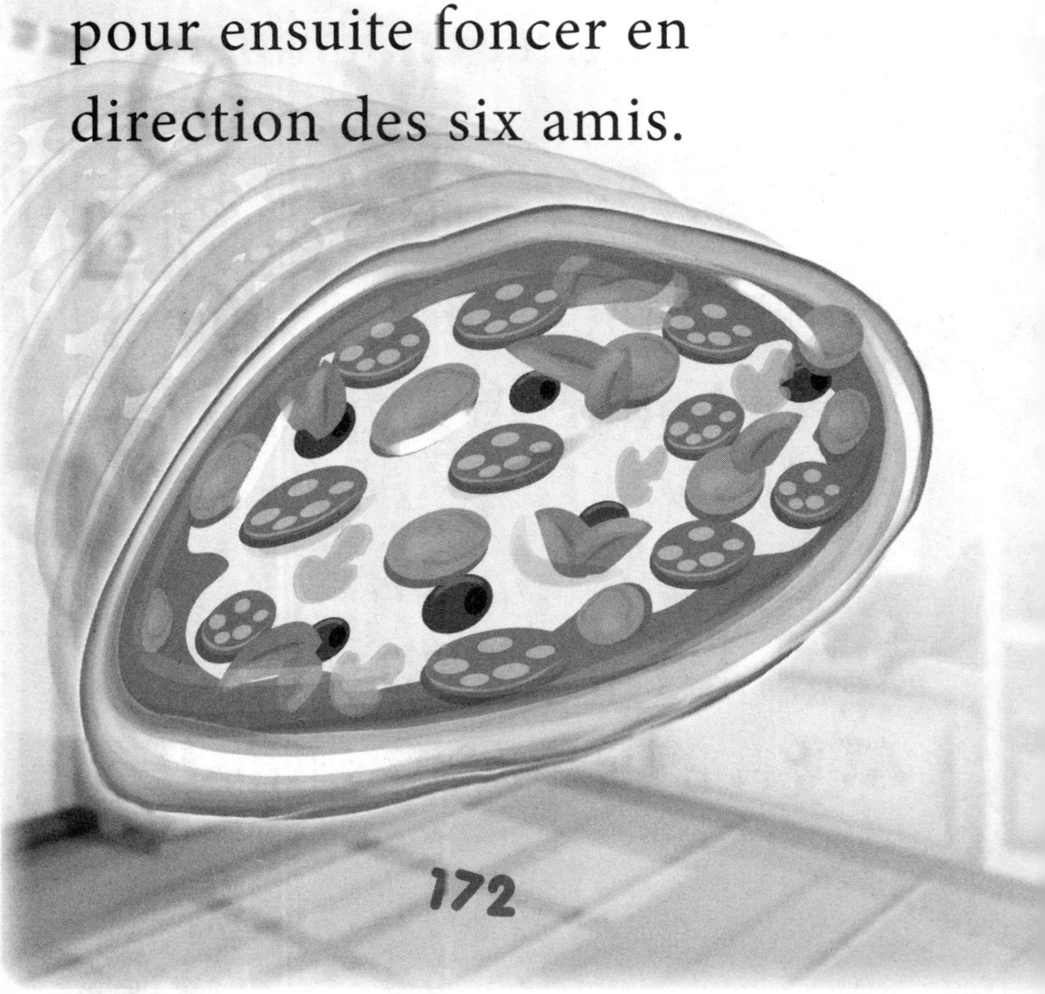

Leïla se jette à plat ventre sur le plancher. Ses amis n'ont pas le choix de l'imiter.

— Je vous l'avais dit que ça ne marcherait pas votre stratagème idiot, se plaint cette dernière.

La pizza les survole pendant quelques secondes, puis va ensuite se placer dans un coin de la grande pièce. Puis…
ELLE S'ÉLANCE POUR LES ATTAQUER DE NOUVEAU!

Alors qu'elle file à toute vitesse vers la pauvre Juliette... **RENAUD INTERVIENT!**

D'un bond prodigieux, il se relève et atterrit sur la table du salon. Debout sur le meuble en bois, il prend une position d'attaque. La pizza s'arrête, fait demi-tour... **ET FONCE MAINTENANT VERS LUI!**

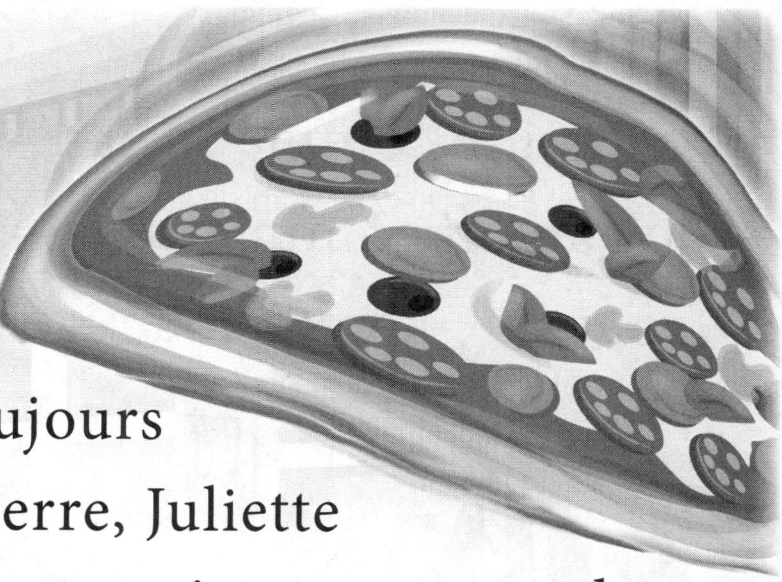

Toujours par terre, Juliette cache son visage avec ses deux mains. Elle ne veut absolument pas voir ce qui va se passer.

Lorsque la pizza arrive à la portée de Renaud, ce dernier bondit à nouveau en criant comme un ninja.

— ¡YAAAAAAAAA!

Rapide comme l'éclair, le garçon administre trois coups de karaté à la pizza…

… et atterrit ensuite doucement sur le tapis.

SVOUCHHHH !

Sans se retourner, il attrape une pointe de pizza et se met à la manger comme si rien ne venait de se passer.

Les autres morceaux aboutissent sur la tête de ses amis telle une cascade bien orchestrée d'un film. Autour du nouveau héros, ses amis se regroupent.

— **WOW!** Je ne pensais pas que tu pouvais faire une telle chose, Renaud, s'étonne Juliette vraiment impressionnée par son ami.

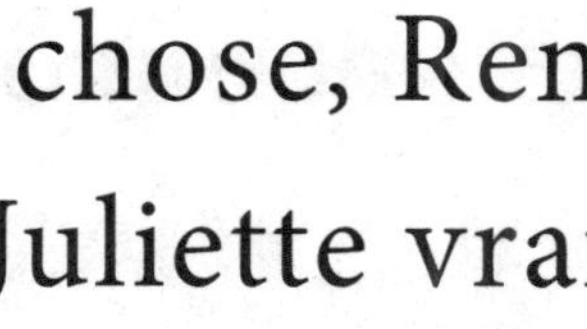

— Bah ce n’est rien, lui répond-il la bouche pleine. Mon prof de karaté était aussi un cuisinier italien. À la place des planches, il nous faisait couper des pizzas.

Tout le monde se met à rire.

— Est-ce que tu as une blonde, toi ? reprend Juliette en s’approchant encore plus de lui.

Renaud avale cette fois-ci sa bouchée avant de répondre.

— Non ! Parce que vous, les filles, vous êtes **BEAUCOUP** plus dangereuses qu'une pizza volante ou du popcorn enragé.

Et, il lui fait ensuite un clin d'œil. Il blague, bien sûr.

Juliette passe son bras sous celui de Renaud. Les deux **NOUVEAUX** amoureux se sourient tendrement.

Dehors par la fenêtre, Diego remarque un étrange cirque. Tous les adultes semblent marcher dans la même direction, en marmonnant.

— **HEY! VENEZ VITE VOIR, LA GANG!** leur crie Diego. C'est **VRAIMENT** bizarre ce qui se passe dans la rue.

Ses amis se pressent aussitôt devant la fenêtre. Entassés devant l'ouverture vitrée, ils cherchent tous à se tailler une place pour mieux voir. En effet, dehors, des dizaines d'adultes déambulent en avançant lentement comme…

DES ZOMBIES !

Jason reconnait son père et sa mère.

— **PAPA! MAMAN!** s'écrie-t-il en les apercevant.

Et, il se précipite vers la porte d'entrée. Renaud l'intercepte.

— 

l'arrête-t-il. Je ne crois pas que ce soit une bonne idée d'aller à leur rencontre. C'est trop bizarre ce qui se passe depuis tantôt.

— T'as raison! réalise Jason. Le popcorn, la pizza, vaut mieux être prudent.

Les deux amis retournent auprès des autres qui, postés devant la fenêtre, observent les adultes.

— Ils sont comme hypnotisés, remarque Leïla qui, comme tous les autres, essaie de comprendre.

— On fait quoi là, Xav? demande Juliette, toujours au bras de Renaud.

Quelques secondes s'écoulent

avant que le garçon ne prenne la parole et s'adresse à tous.

— Je vais tout d'abord texter à tous nos amis pour leur dire de ne pas utiliser leur four à micro-ondes, et cela, pour **AUCUNE** raison, commence-t-il. Ensuite, je texterai Fanny, nous verrons avec elle ce que nous devons faire maintenant.

MESSAGE IMPORTANT À TOUS !

Veuillez ne pas utiliser votre four à micro-ondes, **SOUS AUCUN PRÉTEXTE !** Nous soupçonnons fortement que ce sont les ondes de ces appareils qui sont la source de **TOUS** nos problèmes. Alors… **PAS TOUCHE, HEIN ?**

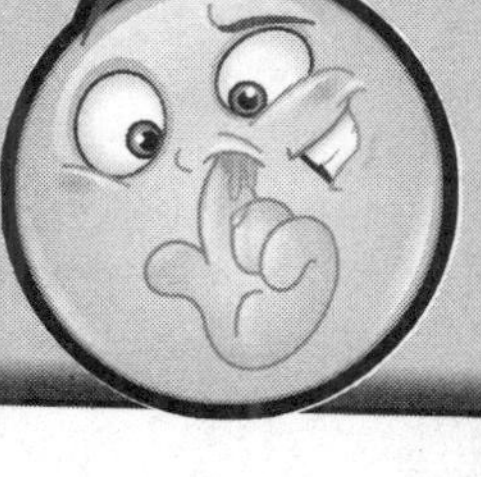

Chapitre 7

Accusé à *tort*, le pâté chinois exige des excuses officielles

— « Père Noël, père Noël apporte des bebelles. J'en ai eu et pis j'en veux pus. Et pis, swing les toutes dans rue. » Le papa, le pipi, le popo, le pupu. Le pépère Noël…

SILENCE !

— **FANNY !** Veux-tu s'il te plaît dire à ton frère Dylan de se la fermer ? l'implore Noah.

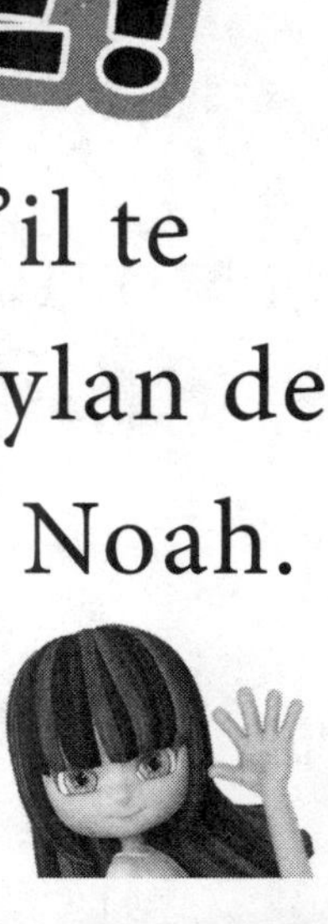

Nous sommes en plein été et, lui, il chante des chansons de Noël depuis une heure.

— Je n'en peux plus moi non plus, Fanny, lui avoue aussi Derek sur son épaule.

Ses autres amis aussi en ont ras le bol.

Forcée de réagir, Fanny se tourne alors vers son frère pour tenter quelque chose.

— **ÉCOUTE, DYLAN!**

Son frère se tourne vers elle, son regard semble perdu. Le pauvre Dylan ne semble plus être le même. Il apparaît de moins en moins, le garçon qu'il était. C'est sans doute le pâté chinois qui commence à faire effet sur lui. Le même effet qu'il a fait aux adultes... **LE RAJEUNIR LUI AUSSI!**

Parce que son frère se comporte depuis quelques

heures de manière vraiment **BIZARRE**, Fanny redoute qu'il ne lui arrive, ainsi qu'à tous ses amis, la même chose qui s'est produite avec les adultes.

— Écoute Dylan, poursuit-elle en prenant une petite voix. Nous allons jouer au jeu du silence, d'accord. Celui ou celle qui reste le plus longtemps sans parler ou chanter gagne.

OK?

Dylan accepte et hoche la tête de crainte que la partie ne soit déjà commencée.

Autour de Fanny, ses amis se réjouissent que sa tactique ait fonctionné.

Derek se penche vers l'oreille de Fanny.

— J'espère sérieusement qu'il va gagner.

Sa jeune amie esquisse un petit sourire.

Soudain…

Fanny sort son iPod de sa poche. Elle est **UN PEU** étonnée de voir que ce n'est pas un texto de… **L'AUTRE FANNY!**

Nouille
Fanny! Tu es là?

Oui, Xav! Qu'est-ce qui se passe? Ça va en haut, sur la terre ferme?
Fanny

Nouille
NO, MADAM!

Pourquoi «**NO**» ?

Jason a été attaqué par du popcorn géant et Maya a failli se faire décapiter par une pizza volante.

Il faut croire que cette nuit, les textos **BIZARROÏDES** ne cesseront **JAMAIS** d'arriver dans le iPod de la pauvre Fanny.

Est-ce que tu me crois?

Si toi tu crois ce que je vais te dire.

CROIRE QUOI? Peu importe ce qu'il vous arrive à vous, ça ne peut pas être pire que ce que je t'ai raconté. **ALORS, C'EST QUOI TON AFFAIRE?**

Crois-le ou non, là, je m'apprête à **ME** rencontrer **MOI**. Oui, me rencontrer moi. Comment je sais? Parce que mon autre **MOI** m'a envoyé un texto.

Un long moment passe avant que Xavier daigne lui répondre.

EH OUI!

Il paraît qu'il y a une autre moi. Comme toi, je ne pense pas qu'il s'agisse d'une copie de moi-même, mais plutôt quelqu'un qui veut me jouer un mauvais tour. Nous le saurons toutefois dans quelques minutes.

AH OUI!

Nouille

J'allais oublier! Il y a aussi que **TOUS** nos parents sont comme devenus des zombies. Ils sont **TOUS** là à remonter lentement le grand boulevard. Ils sont comme hypnotisés. C'est vraiment étrange.

LE BOULEVARD! Nom d'une pinotte! Ils se dirigent par ici. Ils sont attirés par les ondes. **IL FAUT AGIR AVANT QU'ILS ARRIVENT, CAR ILS RISQUENT DE TOMBER DANS LE TROU!** Xav, toi et les autres, suivez-les! Il faut les empêcher coûte que coûte d'arriver jusqu'ici.

BIEN REÇU! Nous allons faire notre possible.

OK, JE TE LAISSE! Bye!

Fanny range son iPod dans sa poche et reprend son chemin.

— Est-ce que ça va en haut Fanny? s'inquiète sa **BEST**, Daphnée. Ont-ils de nouveaux problèmes?

— **NON! NON!** Ça va très bien! lui ment délibérément son amie pour qu'elle n'angoisse pas. Ne t'en fais pas, les trucs habituels, quoi. C'est connu, le popcorn et la pizza ont toujours été mauvais pour la santé, hein.

Chapitre 8

Fanny rencontre... FANNY!

Devant Fanny et ses amis, un mince passage sinueux longe la paroi de l'immense trou et débouche sur ce qui semble être à première vue, une caverne profonde et sombre. C'est là le point de rencontre mentionné par… **LA DEUXIÈME FANNY!**

Toujours en tête de ses amis, le dos qui frotte sur la paroi, Fanny avance avec précaution, en marchant sur le côté

comme un crabe. De temps à autre, des morceaux de terre se détachent de sous ses pieds et tombent dans le vide. Elle a très peur et son cœur bat la chamade. Mais, elle se retient de le montrer à ses amis.

Sur son épaule, aussi effrayé qu'elle, Derek s'agrippe fermement à son chandail. La tête enfouie dans sa belle chevelure, le pauvre garçon se sent complètement inutile.

Fanny pourrait rebrousser chemin si elle le voulait, mais elle est poussée par cet incontrôlable devoir de sauver ses parents, les parents de ses amis, sauver tout le monde en fait.

Alors qu'ils progressent **TRÈS** lentement, Fanny murmure tout bas des instructions à ses amis qui la suivent derrière. Comme elle, ils doivent faire **VRAIMENT** attention **OÙ** ils posent les pieds.

— Suivez mes pas! leur indique-t-elle en pointant avec son menton. Mettez vos pieds **EXACTEMENT** où je pose les miens et tout ira très bien.

La jeune fille sait très bien que le passage dans lequel ils sont est risqué…

TRÈS RISQUÉ!

Après une interminable désescalade, ils parviennent

tous sains et saufs à une surface plane pas très loin de l'entrée de la caverne. Alors que son cœur reprend son pouls normal, Fanny se met à texter à l'autre Fanny.

Nous sommes arrivés, je crois. Nous nous trouvons juste en face d'une grande grotte. Je pense qu'il s'agit de la grotte dans laquelle tu es entrée tantôt.

J'ai changé mon pseudo pour qu'on ne se mêle pas de textos. C'est juste Fan maintenant.

OK! BONNE IDÉE! Vous êtes où?

Dans la grotte justement, nous arrivons dans quelques secondes à l'entrée.

Fanny remet rapidement son iPod dans sa poche et se retourne d'un mouvement brusque vers l'entrée de la grotte. Ses amis ont remarqué l'état d'excitation dans laquelle est leur amie.

— Qu'est-ce qui se passe, Fanny? ose lui demander Daphnée, soudain devenue nerveuse. Qu'est-ce qui va sortir de cette grotte? **UN OURS?**

— Pire! lui répond Fanny sans la regarder.

— **PIRE???** répète Daphnée.

— Il paraît que **JE** vais sortir de cette grotte, dit-elle en lançant ensuite un clin d'œil à son amie. **AVEC** tous vous autres en plus, toi y compris.

Daphnée réalise tout à coup.

— Un double de moi va aussi apparaître! s'écrie-t-elle en se retournant elle aussi.

Dans la pénombre de la grotte, des lueurs de lampes de poche se mettent à zigzaguer de gauche à droite. Un groupe de jeunes s'approche, il n'y a pas de doute. Tout à coup, le contour de sept silhouettes se fait de plus en plus visible. Fanny braque le faisceau de sa lampe dans leur direction. Sous son regard désabusé, elle remarque une fille…

TOUT À FAIT COMME ELLE !

Les mêmes vêtements.

Le même visage…

TOUT EST PAREIL !

Figée sur place, Fanny attend que le groupe arrive à sa hauteur.

Juste devant elle, il y a maintenant une deuxième Fanny, une deuxième Daphnée, un deuxième Noah et un deuxième Dylan.

Idem pour Derek, Cédric et Arthur. Tout le monde a devant lui… **UN DOUBLE DE LUI-MÊME !**

Tout le monde reste là, bouche bée, ne sachant pas trop quoi dire pendant plusieurs minutes. Ils sont tous là, muets, à s'examiner, comme s'ils se trouvaient devant un miroir qui leur renvoyait leur image.

La vraie Fanny fait finalement un pas vers la deuxième.

— Mais, comment ça se fait que tu existes, toi, un double de moi ? lui demande-t-elle, totalement surprise. Est-ce que tu sais ce qui se passe, toi ? Il y a des extraterrestres qui font des expériences sur la Terre ? Ça expliquerait un tas d'affaires.

— **NON!** Il n'y a pas d'extraterrestres, lui répond

Fan. Tout ce que je sais, c'est que nous avons trouvé une curieuse machine dans la grotte ! Il y a des heures que nous tripotons les boutons pour savoir à quoi elle sert et comprendre comment elle marche. On dirait un appareil pour contrôler le temps qu'il fait, la température si tu veux. Nous avons finalement vu que c'était tout simplement écrit dessus. J'ai l'impression qu'il y a un bogue et que cette machine contrôle plutôt

le temps maintenant,
et qu'elle mélange le passé
et l'avenir.

— Une machine qui
contrôle le temps ? s'étonne
Fanny. Qui a placé cette
machine-là ?

— Des météorologues
scientifiques je suppose,
poursuit Fan.

Nous, nous arrivons de l'avenir, et vous, vous faites partie du présent. Je suis la Fanny du futur, tu es la Fanny du présent. Les scientifiques qui ont placé cette machine-là sont maintenant devenus des enfants comme tous les autres adultes. Ils sont donc incapables de la reprogrammer correctement. Il n'y a que nous qui pouvons faire quelque chose.

— Tout ce qui est arrivé est à cause d'une machine

détraquée? comprend maintenant Fanny.

— Oui! lui confirme Fan. La machine semble projeter des ondes infernales qui bouleversent **TOUT!** Elle change le temps, elle rajeunit les gens, elle peut aussi les faire vieillir prématurément. Elle semble aussi donner vie à des objets de toutes sortes. Elle semble même capable de faire disparaître des immeubles aussi.

C'est un appareil qui sème le chaos partout sur la planète, Fanny. C'est à ce point **GRAVE!** Il n'y a donc que nous qui pouvons agir avant qu'il ne soit trop tard. Avant que **TOUT** ne soit détruit.

— **OK, D'ACCORD!** lui répond Fanny d'un air décidé. Tu vas me conduire à cet appareil.

Puis, elle se retourne pour donner des instructions à ses amis.

— Restez ici tout le monde! Moi et Fan nous irons ensemble.

— Mais Fanny! Nous sommes avec toi depuis le début. Je veux y aller aussi.

Fanny prend Derek de sur son épaule et le dépose dans la main de son amie.

— Non ! Tu restes ici avec les autres, toi, ma best. J'ai bien peur que ce soit **TROP** dangereux.

De l'œil de Daphnée, une larme apparaît et coule sur sa joue.

— **NON!** J’ai changé d’idée! se reprend Fanny en y réfléchissant bien. Vous allez plutôt rebrousser chemin pour vous mettre en sécurité

à l'extérieur du trou, ordonne-t-elle ensuite à tout le monde. Je vous texterai lorsque je pourrai.

Pour réponse, Fanny n'obtient qu'un simple signe de la tête de son amie Daphnée, ainsi que des autres.

Les deux Fanny s'engouffrent ensuite ensemble dans la grotte, là où les attend sans doute…
LEUR DESTINÉE!

Chapitre 9

Sur la piste des… ZOMBIES BOOMERANG!

En haut, sur la terre ferme, Xavier et ses amis ont entrepris, selon les ordres de Fanny, de suivre discrètement les adultes.

Comme le craignait son amie, tous les adultes se dirigent vers le grand trou, ils en ont maintenant la certitude. Ils doivent donc les arrêter ou au moins les faire dévier dans une autre direction. S'ils n'y parviennent

pas, ce sont **TOUS** les parents de la ville qui risquent de chuter vers une mort certaine…

Caché derrière une voiture, Xavier réfléchit.

— On fait quoi là, Xav, demande Jason, accroupi près de son ami. Ils sont plus d'une centaine et nous ne sommes que sept. Nous ne sommes pas assez nombreux pour les arrêter tous.

Xavier ne lui répond pas.

— **XAV!** Tu es là, quoi ?

— **BEN OUI, VOYONS!** Je réfléchis. Si ce sont les ondes qui attirent les adultes, nous pourrions peut-être brouiller ces foutues ondes et les diriger ailleurs.

— Comment? s'enquiert alors Jason. Je ne connais pas d'appareil qui émet des **ONDES** moi.

Xavier se tourne vers son ami.

— **AH OUAIS!** Tu as la mémoire courte.

— De quoi tu parles?

— Je parle des fours à micro-ondes! lui rappelle

Xavier. Tu sais **TON** four à micro-ondes, celui qui a transformé ton délicieux popcorn... **EN CRÉATURES ENRAGÉES!**

— C'est un passage de ma vie que je tente d'oublier, lui avoue Jason. Merci de me le rappeler.

— Nous pourrions faire un test avec un four à micro-ondes, propose Xavier

réfléchissant à voix haute. Ça pourrait peut-être les attirer et les faire dévier de leur course.

— **ÇA TOMBE BIEN!** s'exclame alors Leïla. J'habite juste là, en face. Et, nous avons un four à micro-ondes tout neuf dans la cuisine pour faire le test.

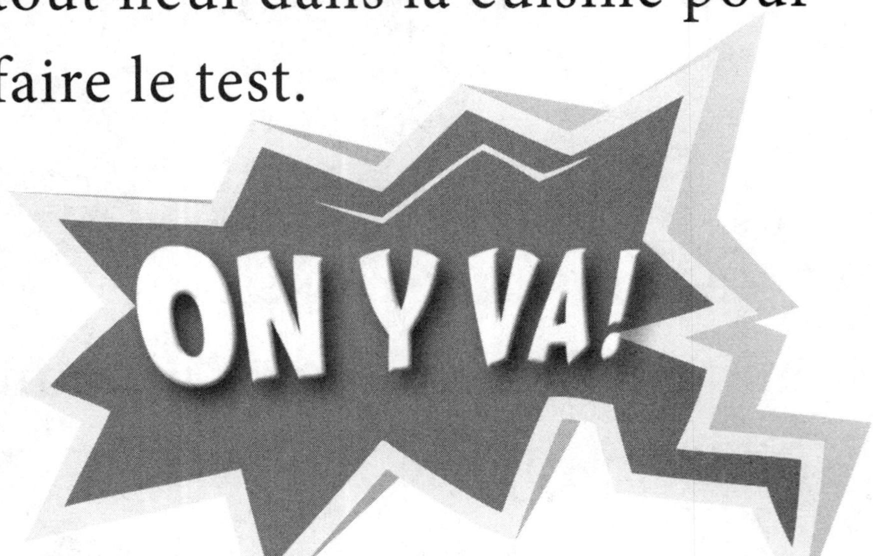

Une fois à l'intérieur, Leïla se poste devant l'appareil et attend le signal de Xavier pour le mettre en marche. Ce dernier s'est positionné avec tous les autres dans l'autre pièce devant la fenêtre. Ensemble, ils surveillent les adultes.

— T'as rien mis dans le four à micro-ondes, hein ? veut s'assurer Xavier.

— **NON!** lui répond la jeune fille.

— Pas de spaghetti qui pourrait se transformer en **SERPENTS VENIMEUX?**

— Pas de soupe qui pourrait se métamorphoser en **GLUE GÉANTE?**

— Pas de tranches de bacon qui pourraient se changer en **TUEUSES EN SÉRIE?**

Autour de Xavier, ses amis s'impatientent.

— **NON, MAIS T'AS TERMINÉ LÀ!** le somme Juliette. Il faut se grouiller à faire le test parce que si ça ne marche pas, il va falloir trouver une autre solution.

Juliette a raison! Xavier donne alors le signal à Leïla.

Cette dernière appuie sur la touche de mise en marche du four à micro-ondes qui, lui, a été programmé pour fonctionner pendant cinq minutes.

TCHOUUUUUUUU !

Ayant entendu le bruit de l'appareil, tous les amis étirent le cou pour regarder dehors. Arrive derrière eux Leïla, très curieuse elle aussi de voir si leur plan va fonctionner.

Dans la rue, les adultes s'arrêtent tous de marcher. Xavier se croise les doigts.

— Vous croyez que ça marche ? demande-t-il aux autres.

Personne ne lui répond, ils attendent tous de voir ce qui va se produire.

Sous leur regard réjoui, les adultes font demi-tour et se dirigent maintenant vers la maison de Leïla…
VERS EUX !

Tous les amis se sautent mutuellement dans les bras.

Xavier se met à texter la bonne nouvelle à Fanny.

Fanny! Nous avons réussi à éloigner les adultes du trou. Vous, qu'est-ce que vous faites?

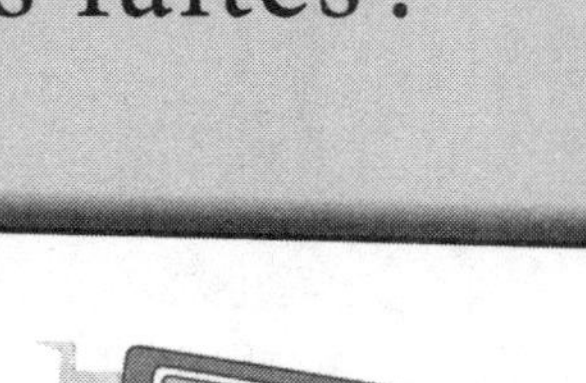

Ça fait assez bizarre de te dire ça, mais effectivement, je suis avec un double de moi, une autre Fanny. Elle veut que je l'appelle Fan pour qu'on ne se mêle pas. Nous nous rendons moi et moi, euh, elle et moi plutôt, au fond d'une grotte où il y aurait une espèce d'appareil qui serait la cause de tout, une machine quelconque.

UNE MACHINE?

Quel genre de machine? Une machine installée dans la terre par des extraterrestres?

NON! C'était un appareil qui devait au début contrôler le climat, la température, le temps qu'il fait. Mais, de toute évidence, cette machine a capoté et semble maintenant transformer tout, et même mélanger les heures et les années.

Un long moment passe avant que Xavier lui texte.

Finalement…

Mais Fanny, crois-tu pouvoir réparer cette machine?

Je ne sais pas, mon ami. Mais, j'ai l'impression que si je ne tente rien, ça va empirer et que la Terre va comme **IMPLOSER** ou quelque chose dans le genre. Je crains qu'elle disparaisse dans l'espace pour faire place à un **IMMENSE** trou noir.

ÇA, C'EST GRAVE !

Si tu réussis Fanny, tu seras une héroïne mondiale, tu sais.

Je veux juste qu'on me dise « merci ». Je ne tiens pas vraiment à être une idole. Je veux seulement retrouver ma vie comme elle était avant, pis que mon chum Derek retrouve son apparence normale.

D'accord, Fanny.
Bonne chance!
S'il y a quelque chose que
je peux faire, texte-moi.

Dac, mon
ami...

Dans la maison,
le moment de réjouissance
est déjà terminé. **OUI!**

Car les adultes s'approchent **DE PLUS EN PLUS.** Leïla qui les voit sur le point d'arriver s'inquiète et se demande bien ce qu'il va se produire lorsqu'ils seront tous dans son jardin.

— On va faire quoi lorsqu'ils vont arriver? s'informe-t-elle. Qu'est-ce qui va se passer?

— **OH NOOOON!** s'écrie soudain Diego. J'ai déjà vu ça

dans un film d’horreur…

ILS VONT MANGER NOTRE CERVEAU!

— Mais non! le rassure Maya, il n’y a rien à manger dans ta tête, car t’as pas de cerveau.

— Arrêtez! leur intime Xavier. Nos parents ne sont pas des zombies, ils sont seulement comme hypnotisés.

— Ouais, peut-être, ramène Renaud, mais Leïla a raison. On fera quoi lorsqu'ils seront tous arrivés ici dans le jardin de la maison?

— **OUPS!** fait Juliette, nous n'avions pas pensé à ça, hein?

— **JE SAIS!** leur dit Xavier. Nous allons tous retourner chacun chez nous pour mettre en marche à tour de rôle notre four à micro-ondes. Nous ferons ainsi tourner en rond les adultes dans la ville jusqu'à ce que Fanny et les autres reviennent. **ALLEZ!** Je vous texte pour coordonner tout ça.

ATTENDEZ MON TEXTO !

La stratégie établie, tous les amis se dispersent par la porte arrière dans la nuit…

Chapitre 10

Le bec qui a changé... LE COURS DE L'HISTOIRE!

Dans la grotte, Fanny suit pas à pas les traces de son double, l'autre Fanny. Les deux filles arrivent à un embranchement, Fan s'arrête, Fanny aussi.

— Quoi ! Qu'est-ce qu'il y a, Fan ? Tu ne sais plus trop par où passer ?

— Non, Fanny ! lui avoue son double. J'ai comme oublié. À droite ou à gauche, je ne sais plus.

Fanny tend l'oreille. Dans le passage de gauche, elle entend l'écho d'un bruit sourd qui résonne sur les parois humides de la grotte. Un bruit à peine perceptible. Ça ne peut provenir que de l'appareil qu'elles cherchent, c'est certain.

Fanny prend alors la main de Fan et la tire dans cette direction.

Plus loin, après avoir marché longtemps dans

une longue galerie qui va en tournant, elles aperçoivent enfin des lumières qui clignotent dans le noir…

ELLES L'ONT RETROUVÉE!

Elles y accourent.

— Voilà la machine dont je te parlais Fanny, lui montre Fan. Les météorologues ont sans doute réussi à l'installer ici, à cette profondeur, avec l'aide d'une puissante foreuse et d'une grue.

Fanny y avait pensé elle aussi.

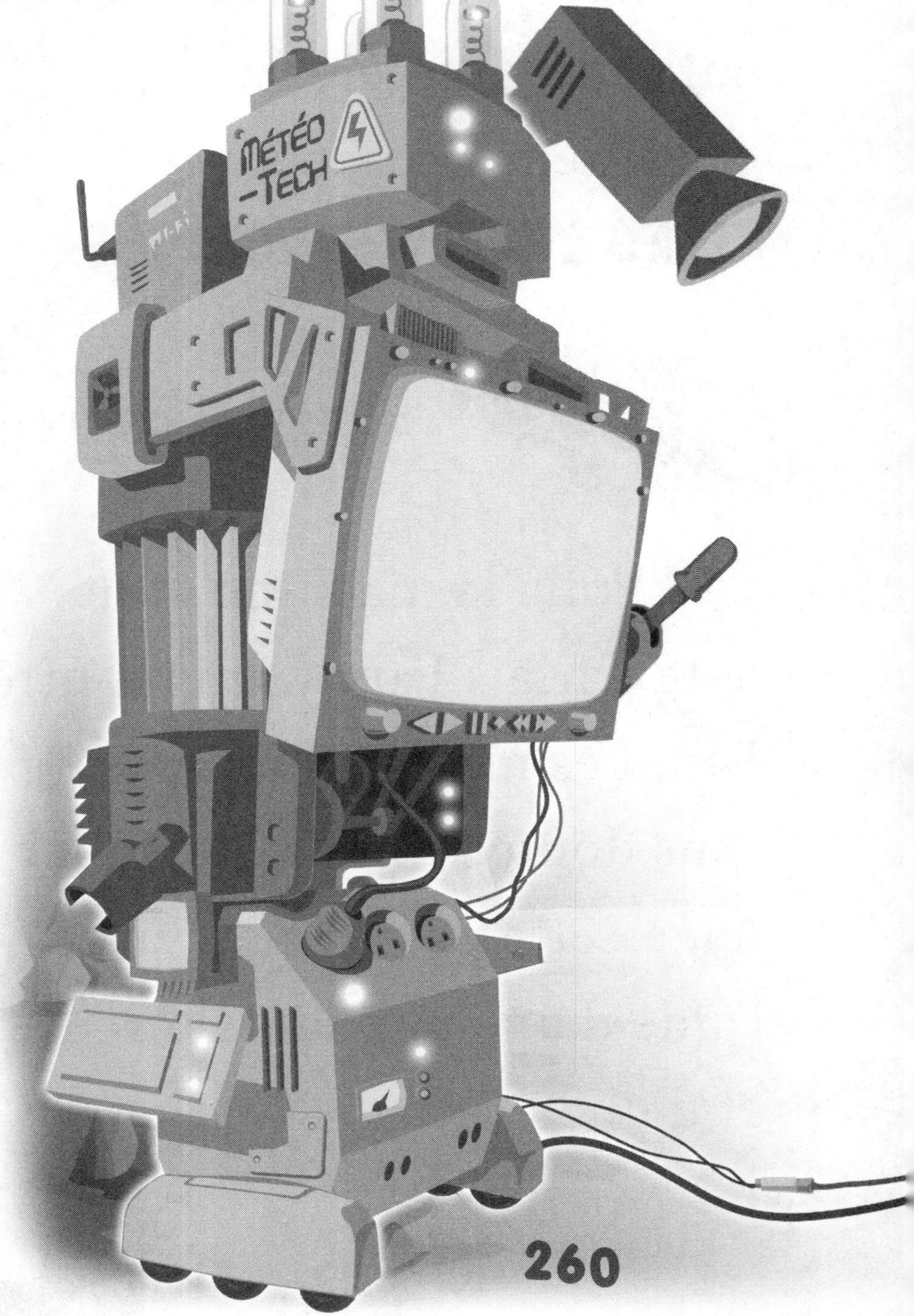

— Il y a du courant, car il y a des petites lumières qui allument, déduit Fanny.

— Il y a aussi ce drôle de gros projecteur au-dessus de la machine et qui pointe vers le sol, lui montre Fan avec son doigt. Ainsi que cet écran. Nous n’avons pas réussi à les mettre en marche ni l’un ni l’autre.

Fanny examine tout d'abord les différents boutons autour de l'écran et en reconnait quelques-uns juste sous l'écran en question.

— On dirait des boutons de vieux lecteurs de cassettes pour écouter un film. Je le sais, car nous avons encore l'un de ces appareils au chalet. Cette fonction devait sans doute servir à recueillir des données scientifiques.

Fanny appuie sans penser sur un bouton qu'elle suppose être celui qui mettra en fonction cette partie de la machine. Tout de suite, le gros projecteur au-dessus de la machine s'allume et fait un grand cercle lumineux sur le sol tout près des deux filles. Instinctivement, elles s'en éloignent toutes les deux en faisant un pas de côté.

Ensuite, l'écran se met à clignoter et une image apparaît :

celle d'un… **GRAND TROU NOIR DANS L'ESPACE!** Cette image semble être une image du futur. La Terre semble tout simplement avoir **DISPARUE** du système solaire.

— Je n'aime pas du tout cette image, lance Fanny, le visage triste. Je vais appuyer sur ce bouton où il y a une flèche qui va vers la gauche. C'est sans doute le bouton pour aller en arrière ou rembobiner la vidéo.

Le son d'un défilement de bande se fait entendre, puis s'arrête.

— Je crois que nous sommes arrivés au début de l'enregistrement, déduit Fanny.

Sans attendre, elle appuie sur le bouton «lecture».

CHLIC !

L'écran scintille à nouveau et l'image apparaît. Les deux filles se rapprochent pour mieux voir. L'image ne montre plus le trou noir dans l'espace, mais plutôt la cour de l'école.

Il y a tout plein d'élèves dans la cour, c'est donc la récréation. Sur l'écran apparaît soudain Mathéo. Ce dernier avance vers Florence. Mathéo est juste derrière la jeune fille. Fanny se souvient maintenant **TROP BIEN** de ce moment.

— Mais, je me souviens de ça, s'écrie-t-elle en souriant. C'est arrivé juste avant-hier... **MATHÉO VA EMBRASSER FLORENCE!**

Et, juste comme Fanny termine sa phrase, les lèvres des deux petits amoureux se touchent. Sur l’écran, Fanny et Fan peuvent toutes les deux très bien voir dans la cour les autres élèves qui se réjouissent.

Le sourire de Fanny disparaît cependant vite de son visage, car elle se questionne.

— Mais, pourquoi l’enregistrement débute à

CE moment-là ? se demande-t-elle soudain.

Près d'elle, Fan soulève ses deux épaules. Son double n'en a aucune idée.

— Appuie sur le bouton « avance rapide », lui suggère-t-elle cependant. Pour voir ce qui se passe après.

BONNE IDÉE !

CHLIC !

Après quelques secondes, elle appuie de nouveau sur le bouton «lecture».

À l'écran, les deux filles aperçoivent maintenant un groupe d'hommes affairés à introduire sous terre l'appareil à l'aide d'une grue géante.

— Tu avais raison, Fan, lui accorde Fanny. Ce sont des météorologues qui ont placé cette machine ici. C'est écrit Météo-Tech sur la grue.

Fanny fait avancer encore une fois l'enregistrement. Maintenant, les deux filles aperçoivent les images du fameux édifice qui s'est fait frapper plusieurs fois par la foudre. Plus loin, ce sont des images des parents retombées en enfance qui défilent sous leurs yeux.

Lorsque Fanny appuie sur le bouton arrêt…

CHLIC !

… la vidéo s'arrête, et le gros projecteur au-dessus de la machine s'éteint en même temps.

Ce qui la pousse à réfléchir.

Puis, au bout de quelques secondes, après avoir examiné les différentes composantes de la machine…

— Je vais reculer la vidéo jusqu'au début, finit-elle par dire. Je veux tester quelque chose.

CHLIC !

— Tu veux tester quoi? lui demande Fan.

Fanny appuie de nouveau sur le bouton «lecture».

CHLIC !

— Je ne suis pas certaine encore, lui répond-elle les yeux rivés à l'écran.

Au moment où la vidéo remontre les élèves qui s'amusent dans la cour de l'école, Fanny ramasse très vite une roche et la lance dans le faisceau du gros projecteur.

Lorsque la roche atteint le rayon lumineux, un son insolite se fait entendre…

... ET LA ROCHE DISPARAÎT COMPLÈTEMENT!

Les yeux à nouveau campés sur l'écran, elle pose son doigt sur l'image, là où... **LA ROCHE VIENT DE RÉAPPARAÎTRE!**

Les yeux de Fan s'agrandissent d'étonnement.

— **JE LE SAVAIS!** s'écrie Fanny. **TU AS VU?** J'ai lancé la roche dans le faisceau de lumière, et elle a été transportée dans le passé. Ça explique plein de choses.

Elle appuie sur le bouton «arrêt»...

CHLIC !

— La machine des météorologues, en plus d'envoyer des ondes

dangereuses, s'est transformée en machine à voyager dans le temps ! réalise aussi Fan.

— **OUI !** lui confirme Fanny.

— Qu'est-ce que tu vas faire maintenant ?

— Remonter le temps qu'est-ce que tu penses ! lui répond Fanny

— Tu vas retourner où, euh ! quand, je veux dire ?

— Ben, au début de la vidéo, juste avant que Mathéo embrasse Florence. Si l'enregistrement a débuté à ce moment-là, eh bien, c'est à ce moment précis que je dois retourner pour corriger la situation. Il y a quelque chose qui a déréglé la machine avant qu'elle ne soit mise sous terre et je dois savoir quoi. Si j'y parviens, tout reviendra dans l'ordre.

— Mais, tu vas commencer par faire quoi ? lui demande Fan.

— Je dois retourner dans le passé pour… **EMPÊCHER MATHÉO ET FLORENCE DE S'EMBRASSER !**

Chapitre 11

Nous allons nous revoir...
DANS UN PASSÉ RAPPROCHÉ!

Fan à ses côtés, Fanny texte à sa **BFF**, Daphnée…

FANNY! Qu'est-ce que tu fais? Nous, nous sommes presque arrivés à la surface. Je commence à voir la lueur des lampadaires d'où nous sommes.

COOL!

Qu'est-ce qui se passe, Fanny? Tu es plus jasante que ça d'habitude? As-tu trouvé la machine dont Fan parlait?

Je dois faire quelque chose, Daphnée, qui implique une sorte de voyage quelque part. Je ne suis pas certaine que ça va marcher alors je tenais à t'écrire avant, au cas.

AU CAS KWA?
UN VOYAGE OÜ?

Heille, Fanny!
Fais rien avant que j’arrive là!
Je redescends.

Descends pas,
je vais être
partie avant que
tu arrives. Je veux juste
que tu fasses le message à
tout le monde,
là, **OK?**

NOOOON! FANNY!

Peux-tu dire aussi à Derek que nous allons nous revoir dans un passé rapproché?

Daphnée, maintenant incapable de parler, préfère montrer plutôt le message de Fanny à Derek.

Ce dernier lève les deux bras de chaque côté de son corps en signe d'incompréhension.

— **QU'EST-CE QU'ELLE VA FAIRE?** demande le garçon à Daphnée.

— Je ne le sais pas, elle a juste dit qu'elle allait partir quelque part, c'est tout.

Les yeux de Derek deviennent miroitants.

— Peux-tu lui écrire quelque chose pour moi, Daphnée, je suis trop petit pour le faire?

— **OK!** Quoi?

— Des lettres, que tu vas envoyer à Fanny, une lettre à la fois, lui indique le garçon.

— **OK!**

Fanny? Derek voudrait te dire ceci :

Daphnée
J
Daphnée
E
Daphnée
T'
Daphnée
A
Daphnée
I
Daphnée
M
Daphnée
E
Daphnée

Tout au fond du grand trou, dans la noirceur de la grotte, Fanny range son iPod dans sa poche. Elle a le cœur bien triste.

— Je vais y aller tout de suite avant que je change d'idée, avoue-t-elle à Fan, son double.

— Tu es certaine que c'est ce qu'il faut faire ? veut s'assurer cette dernière.

— Je vais te répondre par une question: est-ce que nous avons le choix? **NON!**

Sans hésiter une seconde de plus, elle appuie sur le bouton «lecture» de l'appareil…

ET SE JETTE DANS LE RAYON LUMINEUX…

Chapitre 12

Zombies cache-cache

Dans la ville,
une grande cohue règne. La tactique pour éloigner les adultes du dangereux trou a fonctionné. Cependant, Xavier et sa troupe se retrouvent maintenant avec un autre genre de problème sur les bras.

En effet, lui et ses amis n'ont pas pris en considération que personne ne… **MARCHE À LA MÊME VITESSE!**

Alors maintenant, il y a des adultes qui errent **PARTOUT**, dans **TOUS** les recoins de la ville.

XAV! ÇA VA MAL! Fais quelque chose. Il y a des adultes **PARTOUT!** Il y en a même un dans ma salle de bain qui essaie de passer sa tête dans le bol de la toilette…

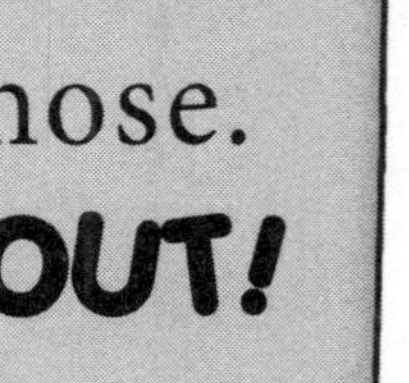

Je ne peux rien faire pour toi, mon ami. Je me suis enfermé dans mon placard, car j'ai deux adultes dans ma cuisine qui se disputent une boîte de beignes en marmonnant : « le trou ! Où est le trou ? » J'ai peine à croire ce qui se passe. Est-ce qu'ils confondent les trous de beignes avec le grand trou ?

OUI! Je pense que c'est ce qu'ils cherchent désespérément. Ils y sont attirés quoi qu'on fasse. Tu as raison! Ils prennent les trous de beignes pour le trou où ils doivent se rendre. **C'EST FOU!**

Moi, j'en ai même vu trois descendre dans les égouts, c'est épouvantable… **MAIS QUE FAIT FANNY, DONC?**

Je vais lui écrire tout de suite pour qu'elle nous conseille sur ce que nous devons faire.

Fanny ! Tu es là ?

Un long moment passe sans que Xavier n'obtienne

de réponse. Il essaie à nouveau.

Chapitre 13

Scène 3, prise 2... DU PREMIER ROMAN!

Elle qui s'attendait à tourbillonner dans une espèce de vortex temporel, Fanny se retrouve plutôt dans une sorte de machine qui la fait culbuter avec… **DES VÊTEMENTS!**

— ***AÏE! OUILLE!*** se plaint-elle.

Ça tourne très vite et il fait si chaud qu'elle se retient de vomir. Devant elle, il y a une espèce de hublot. Par la fenêtre ronde, elle peut apercevoir ses amis dans la cour de l'école.

Malgré son inconfortable situation, elle est toutefois contente de constater que le voyage dans le temps a fonctionné… Toutefois, elle doit maintenant trouver une façon de… **DÉBARQUER DE CET ENGIN DE MALHEUR!**

Une pièce de vêtements atterrit tout à coup sur sa tête.

— **MAIS QU'EST-CE QUE C'EST?** s'écrie-t-elle. **NOM D'UNE PINOTTE! C'EST UNE CHAUSSETTE!**

Cette chaussette qu'elle porte maintenant sur la tête lui

confirme ce dont elle se doutait depuis quelques secondes.

— **JE SUIS PRISE DANS UNE SÈCHEUSE À VÊTEMENTS!** s'écrie-t-elle sans pouvoir se retenir.

Son corps suit la cadence et tourne au gré du roulement du tambour dans lequel elle semble prisonnière. Cependant, Fanny étant Fanny, elle n’attendra **CERTAINEMENT PAS** que cette machine finisse son cycle.

Elle pivote alors sur elle-même, et attend le moment propice. Lorsqu’elle se retrouve sur le dos…

ELLE POUSSE TRÈS FORT AVEC SES DEUX PIEDS SUR LE HUBLOT!

CRAAAAAC!

Ce dernier s’ouvre et elle en profite pour s’éjecter vers l’extérieur. C’est sur les genoux et les mains qu’elle atterrit lourdement sur l’asphalte de la cour de l’école…

BRAAAAM!

Plusieurs amis se rassemblent aussitôt autour d'elle.

— **FANNY!** Est-ce que ça va? se soucie entre autres son amie Daphnée, inquiète.

— **OUI! OUI!** la rassure son amie. J'étais prisonnière d'une espèce de sécheuse à voya…

Fanny s'arrête net, se rappelant tout à coup

qu'elle se trouve maintenant dans le passé et que ses amis de ce passé n'ont **ABSOLUMENT** aucune idée de **TOUT** ce qui va se produire dans le futur. Alors, il vaut mieux ne pas tenter de leur expliquer, car ce serait vraiment **COMPLIQUÉ** de leur faire comprendre la situation.

D'un rapide coup d'œil circulaire, elle balaie du regard la cour de l'école et n'aperçoit pas la Fanny du passé. Elle comprend alors qu'elle doit avoir pris sa place. C'est parfait ainsi.

Alors qu'elle se relève, une pluie inattendue de chaussettes lui tombe dessus.

SVOOOOUUUUCH!

Dans le ciel, il n'y a cependant pas la moindre trace de la sécheuse qui l'a transportée ici. Il n'y a que le contenu de l'électroménager qui s'est déversé sur elle.

Daphnée et Teddy, qui sont demeurés près d'elle, arborent tous les deux un air des plus étonnés.

— C'était quoi ça, Fanny? Ça vient d'où toutes ces chaussettes?

Fanny enlève nerveusement les pièces de vêtements accrochées à elle.

— Euh ! Ben ! Je les ai emportés à l'école, commence-t-elle à leur expliquer, parce que… parce que… j'ai comme de drôles de boutons aux orteils et il faut que je change de chaussettes toutes les cinq minutes.

Daphnée et Teddy crispent les yeux maintenant. Ils se doutent tous les deux que leur amie leur raconte n'importe quoi.

— De l’acné de pieds, hein? se moque Daphnée.

— **OUI!** Tu as deviné, de l’acné de pieds.

Pendant ce temps, dans la partie la plus éloignée de la cour, Mathéo vient d’arriver juste derrière Florence.

Tout le monde les regarde, même les chauffeurs dans leur

autobus et les parents dans leur voiture. Un grand silence s'installe. On dirait que la planète entière s'est tue dans l'attente du « BIG » moment...

Devinant soudain une présence dans son dos, Florence se retourne. À quelques centimètres d'elle, Mathéo est là. Son regard est braqué sur le sien. Pendant qu'elle cherche à comprendre ce qui se passe...

— **OH NOOOOON! IL FAUT À TOUT PRIX QUE JE LES ARRÊTE!** s'écrie Fanny en se précipitant vers eux.

Mais, sa course est arrêtée par le directeur qui l'attrape par le bras.

— **OH LÀ, JEUNE FILLE!** la réprimande ce dernier. Tu sais très bien qu'il est **STRICTEMENT** interdit de courir dans la cour de l'école. Règlement 17, paragraphe 8, ligne 4. C'est beaucoup trop dangereux de se blesser. Et toi, Fanny, tu le sais autant que les autres.

IMPARDONNABLE!

Pendant ce temps, Mathéo fait un pas vers Florence.

Voyant qu'elle ne peut pas se défaire de la poigne du directeur, Fanny tente le tout pour le tout. Convaincre le directeur est sa seule chance.

— Mais, m'sieur Doiron, commence Fanny. Je dois empêcher Mathéo d'embrasser Florence sinon, sinon…

— Sinon **QUOI?** veut comprendre le directeur.

— **SINON VOUS ALLEZ RAJEUNIR ET FAIRE DU SKATEBOARD!** lui avoue Fanny dans une tentative empreinte de désespoir. **VOILÀ POURQUOI!**

— Sinon je vais, moi, rajeunir ? répète le directeur. **ALORS, QUE TOUS LES ÉLÈVES S'EMBRASSENT DANS CE CAS !** s'exclame-t-il ensuite tout haut. J'aimerais bien perdre quelques rides sur mon visage.

Le visage de Mathéo est maintenant **TOUT PRÈS** de celui de Florence.

Fanny tente encore de se dégager, mais c'est peine perdue.

— Mais, voulez-vous bien laisser mon bras, je dois les arrêter, je vous dis, **C'EST MÉGA IMPORTANT!**

Soudain, Fanny vient d'avoir une idée... **MENTIR!**

— Ils n'ont pas le droit, monsieur Doiron. C'est un **TOUT** nouveau règlement de la commission scolaire, c'est le règlement 112, de la page 386, paragraphe 17, colonne 3, ligne 8, mots 22.

— **AYOYE!** Moi qui croyais connaître **TOUUUUUUUS** les règlements de l'école. Je m'excuse ma petite Fanny. Je vais intervenir…

Mais, alors qu'il s'apprête à souffler dans son sifflet pour arrêter les deux jeunes tourtereaux… **MATHÉO POSE SES LÈVRES SUR CELLES DE FLORENCE!**

Le visage de Fanny s'étire de déception. Maintenant libérée de l'emprise du directeur, elle se laisse tomber sur les genoux et se met à fixer le sol…

IL EST TROP TARD!

Chapitre 14

Un baiser n'a jamais fait de mal à personne

Florence prend la main de Mathéo.

Dans la cour, autour de Fanny, c’est l’allégresse. Les « yahooooouu » et les « yipppiiii » fusent de partout. C’est comme lorsque l’équipe de basket de l’école a remporté le grand tournoi interscolaire de la ville.

Lentement, les élèves quittent les lieux. Lors du

retour à la maison, le sujet de discussion sera, bien sûr, les deux nouveaux amoureux de l'école.

Toujours le regard braqué vers le sol, Fanny demeure immobile. Elle sait très bien que maintenant, c'est inévitable. Ce soir, tout le monde va manger du pâté chinois, demain les adultes seront devenus des enfants, Derek, Cédric et Arthur seront rétrécis comme

des poupées, et cætera,
et cætera…

Même si elle parvenait à empêcher les gens de manger du pâté chinois, il y aurait ensuite toutes les autres catastrophes, et ce, jusqu'à ce que la Terre disparaisse et ne devienne qu'un immense trou noir dans l'espace, comme le prouve la vidéo.

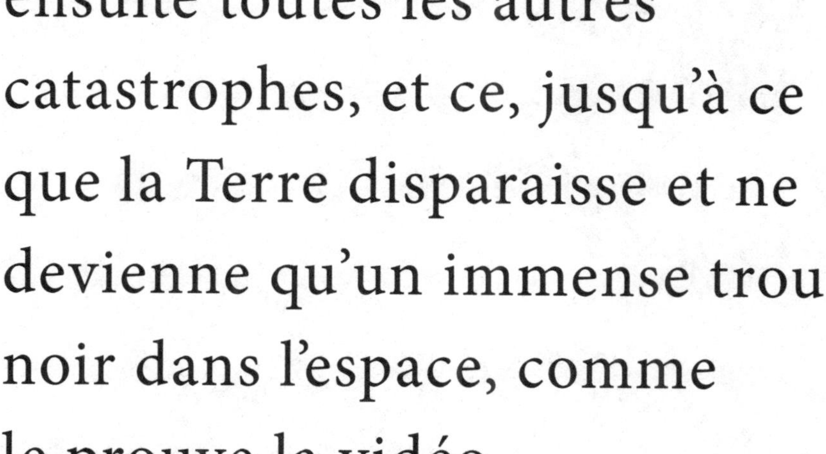

Daphnée pose doucement la main sur l'épaule de son amie.

— Mais pourquoi es-tu triste Fanny? Dis-moi?

— Parce que Mathéo a embrassé Florence et je devais les empêcher coûte que coûte.

— Mais pourquoi tu voulais les empêcher ? veut comprendre Daphnée. C'est très beau de voir des gens qui s'aiment, non ? Tu ne trouves pas, toi ?

— Ouais ! Ouais ! C'est très beau, lui répond-elle, railleuse.

Tu vas comprendre, très bientôt malheureusement, que **CE** simple baiser est le début d'une suite d'évènements **TRÈS** destructeurs, mon amie.

— Mais voyons Fanny, tu exagères ! Un simple baiser n'a jamais fait de mal à personne.

Toujours à genoux par terre, la dernière phrase de Daphnée a comme un effet dynamisant sur la jeune fille qui, d'un seul bond… **SE RELÈVE !**

Chapitre 15

Est-ce LA FIN DU MONDE... totalement à l'envers de Fanny?

Debout comme un piquet au beau milieu de la cour de l'école, Fanny surveille au loin Mathéo et Florence qui, main dans la main, se dirigent vers le stationnement.

Son amie Daphnée lui a fait réaliser que cet **INNOFENSIF** baiser que les deux tourtereaux se sont donné n'est en fait que le début de la chaîne de problèmes qui va se produire… **ET NON PAS LA CAUSE!**

Elle **DOIT** maintenant **ABSOLUMENT** trouver la machine à contrôler la température et trouver aussi ce qui l'a déréglée. Elle soupçonne que c'est en suivant les deux amoureux qu'elle y parviendra. Elle se réjouit à l'idée d'avoir peut-être encore... **UNE CHANCE DE SAUVER LE MONDE!**

— Vient avec moi Daphnée, nous allons faire un peu d'espionnage.

Et, elle se met ensuite à marcher vers Mathéo et Florence.

Daphnée suit ses pas, mais s'y oppose vivement.

— **MAIS POURQUOI ?** demande-t-elle à son amie. Tu veux les voir encore s'embrasser ? Ça s'appelle du **VOYEURISSE** ça, et ce n'est pas beau.

— **DU QUOI ?**

— DU VOYEURISSE ! Tu regarderas dans le dictionnaire demain lorsque nous serons de retour en classe.

— Il faut dire voyeuriSME, toi tu regarderas dans le dico demain pour voir comment ça s'écrit.

Daphnée fait une moue boudeuse à son amie.

Fanny sort son iPod de poche. Elle est tout étonnée de constater que le texto provient de... **DAPHNÉE!** De la Daphnée du futur...

FANNY! Est-ce que tu reçois mon texto?

Fanny tourne le dos à son amie pour qu'elle ne puisse pas voir **QUI** lui a texté. Ça pourrait être **TRÈÈÈÈÈÈÈÈÈS** long à expliquer, pis elle n'a pas vraiment le temps de le faire.

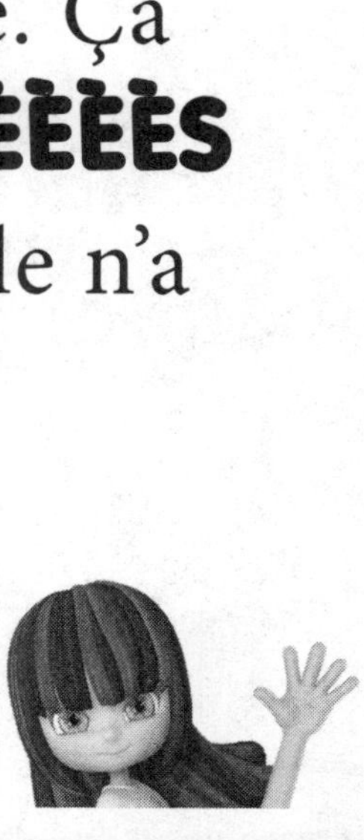

Daphnée? C'est bien toi?

Ben oui, c'est moi! Tu es où?

Euh! Dans le passé, notre passé. Je suis vraiment très surprise de savoir que je peux te texter, toi qui es dans le futur.

TU ES DANS LE PASSÉ??? TU ES SÉRIEUSE LÀ?

Je te le jure sur la tête de Brutus, le cochon d'Inde du labo de bio.

OUPS! Lorsqu'un élève dit ça, c'est qu'il ne ment **VRAIMENT** pas! Car tout le monde **ADORE** le joli et adorable Brutus et **PERSONNE** n'oserait lui faire le moindre mal.

Tu es où, là? À quelle époque? Celle des dinosaures? Est-ce que tu en vois un? Prends un selfie avec l'un d'eux.

J'en ai vu un tantôt, mais il était mort. Oui, je suis retournée dans le passé, et je suis euh, avec toi, dans la cour de l'école. Je sais que ça semble **TOTALEMENT** fou, mais c'est bien vrai.

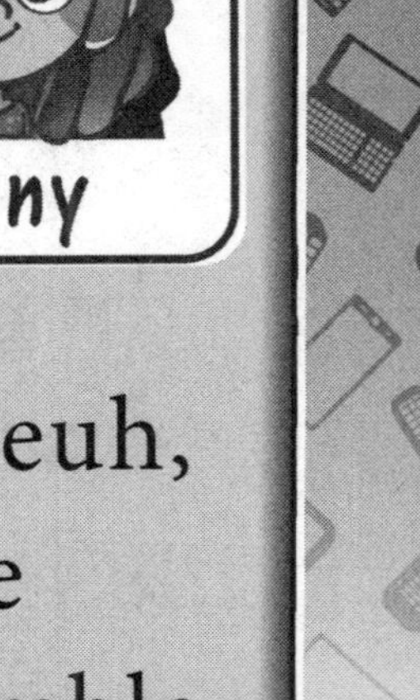

Quelques secondes passent avant que Daphnée poursuive la conversation, puis…

TU ES AVEC MOI?

Oui! Ton « **TOI** » du passé. Celle d'il y a deux jours. Mais, je dois t'avouer que tu n'es pas de très bonne humeur, là. Je dois te quitter, car j'ai aussi une mission à accomplir, comme tu sais.

AH! Je ne suis pas de bonne humeur? Tu as une mission? Quelle mission?

Je te raconterai tout lorsque je pourrai. Pour le moment, je dois aller espionner Mathéo et Florence.

OK! Dis-moi, est-ce que tu crois pouvoir réussir à arranger les choses?

Je ne sais pas mon amie, je ne sais pas. Je dois te laisser, Mathéo et Florence sont sur le point de partir.

OK! Bye! À plus tard!

Bye!

— **À PLUS TARD!** se répète-t-elle, en rigolant. Elle ne croit pas si bien dire.

Et, elle se retourne vers la « Daphnée du passé ».

— **ALLEZ!** Viens avec moi! lui ordonne-t-elle ensuite. Nous allons encore faire du **VOYEURISSSSSE**, comme tu dis.

— **PFFFFF!** lance Daphnée en lui emboîtant le pas.

Chapitre 16

C'est TRÈS dangereux un sac à dos

Main dans la main, Mathéo et Florence se dirigent tous les deux vers un camion rouge stationné devant l'école. C'est le camion du père de Mathéo. Comme à chaque fin de chaque journée d'école, son papa vient le chercher pour le ramener à la maison. D'habitude, Florence, elle, retourne chez elle en autobus scolaire.

Aujourd'hui cependant, c'est une journée bien spéciale, bien sûr…

— Allô, papa ! Je te présente Florence, ma nouvelle blonde.

Le père de Mathéo sourit à la jeune fille. Florence sait maintenant de qui vient ce magnifique sourire que Mathéo possède, il vient de son père.

— Allô, jeune fille, enchanté de faire ta connaissance !

— Nous allons nous marier un jour, annonce Mathéo à son père.

Le sourire de son père s'élargit.

Florence sourit à son tour à Mathéo. C'est qu'elle aime de plus en plus ce charmant garçon.

— Vous voulez que je vous conduise à l'église, alors? blague son père.

Les deux jeunes amoureux poussent des rires embarrassés en même temps.

Après avoir longé comme des louves la haie de cèdres qui entoure l'école, Fanny et Daphnée arrivent discrètement à la hauteur du camion. Fanny lève alors la tête pour les regarder.

— **NOM D'UNE PINOTTE!** s'exclame-t-elle en apercevant ce qui se trouve dans la boîte du camion du père de Mathéo.

— Est-ce que tu peux ramener Florence chez elle avant, papa? Nous avons été tous les deux retardés et elle a manqué son autobus.

Mathéo se retourne vers Florence pour lui lancer un clin d'œil. Leur petit baiser bien sûr en est en fait la cause.

La jeune fille se cache pour rire timidement.

— **D'ACCORD!** lui répond son père. Mettez vos sacs à dos dans la boîte du camion et montez.

Lorsque Florence et Mathéo viennent pour y lancer leur

sac, la jeune fille aperçoit tout à coup dans la boîte du camion…

UNE BIEN DRÔLE DE MACHINE!

— Mais, c’est quoi cet appareil bizarre? demande Florence curieuse.

— **AH!** Oui, ça! Mon père travaille pour l’entreprise Météo-Tech, et ce prototype, selon ce qu’il m’a dit, peut

contrôler la température. C'est à la fin de cet après-midi que l'entreprise doit installer cette machine dans le sol. Après nous avoir déposés tous les deux, bien entendu.

— **CONTRÔLER LA TEMPÉRATURE???** répète Florence, ébahie. Comme écarter les nuages et faire apparaître plutôt le soleil? Ou faire tomber la pluie?

— **OUI!** lui répond Mathéo, mais ce n’est qu’un prototype. Personne ne sait si elle va vraiment marcher comme les scientifiques de Météo-Tech l’espèrent.

Mathéo saisit le sac à dos de Florence et le lance avec le sien dans la boîte du camion. L’un des deux sacs percute violemment la machine qui, à cause

de l'impact, se met à grésiller et lancer de petits éclairs. Fanny a remarqué bien sûr. Elle se laisse choir sur le gazon.

— Voilà ce qui a déréglé la machine, réalise-t-elle soudain. C'est le sac à dos de Florence. S'ils ne s'étaient pas embrassés tous les deux, Florence n'aurait pas embarqué dans le camion du père de Mathéo et son sac

à dos n'aurait pas percuté
la machine pour la briser.

De l'autre côté de la haie de cèdres, Mathéo ouvre la porte du camion pour laisser entrer Florence.

Ils sont sur le point de partir.

— Mais, qu'est-ce que tu as, Fanny? lui demande Daphnée. On dirait que tu as vu un revenant. Tu es toute blême.

Fanny réalise que c'est la **DERNIÈRE** chance qu'elle a d'éviter que se produise la grande catastrophe.

Elle se lève promptement, saute par-dessus la clôture de cèdres… **ET EMBARQUE DISCRÈTEMENT DANS LA BOÎTE DU CAMION!**

Daphnée lui fait des..

Chapitre 17

Se faire *brasser* dans une sécheuse ou dans la boîte d'un camion... C'EST LA MÊME AFFAIRE!

Après deux arrêts, et après avoir déposé Mathéo et Florence, le camion s'engage sur le grand boulevard. Le père de Mathéo se dirige de toute évidence vers un terrain vacant tout près du plus grand édifice de la ville.

Arrivé sur les lieux, le terrain est si cahoteux qu'il fait tanguer le camion dans tous les sens. Fanny s'agrippe tant bien que mal aux cordages qui retiennent bien en place la machine au centre de la boîte du camion. Ce qui lui rappelle bien sûr un mauvais et douloureux souvenir.

— **AÏE! OUILLE!** se plaint-elle encore une fois. Il ne manque que les chaussettes et ce serait pareil.

Le camion termine sa course près d'une grue géante et d'un profond trou creusé par une foreuse. Fanny s'éjecte discrètement hors de la boîte du camion et va se cacher derrière un amoncellement de terre. De là, elle observe un groupe d'hommes en combinaisons blanches. Dans leur dos, est écrit...

MÉTÉO-TECH

Pendant que l'un de ces hommes active la grue, le père de Mathéo s'affaire à mettre en marche la machine. Sur l'appareil, des lampes-témoins s'allument et se mettent à clignoter. Les lampes-témoins de défectuosité, elles, cependant, ne s'allument pas. Le sac à dos de Florence a vraiment bousillé l'appareil et il n'y a aucune chance que les scientifiques de Météo-Tech s'en rendent compte. Fanny doit donc agir.

Leur expliquer s'avérerait **TOTALEMENT** inutile, Fanny le sait très bien. D'ailleurs, qui croirait une jeune fille ayant comme explication la fin du monde et sa venue du futur?

QUI ? PERSONNE !

Le crochet attaché à la machine, la grue s'active déjà à la soulever. Fanny doit se dépêcher!

Elle bondit hors de sa cachette et se dirige vers la grue... **SA SEULE OPTION!**

Autour du trou creusé dans le sol, plusieurs scientifiques guident la machine qui commence lentement sa descente. Fanny escalade les chenilles de la grue et s'introduit dans la cabine. L'opérateur du gros engin sursaute en l'apercevant.

— Mais, qui es-tu, toi, jeune fille ? la somme-t-il de s'identifier. Tu n'as pas le droit d'être ici, c'est dangereux pour les enfants et c'est strictement interdit.

Lentement, le gros et solide bras abaisse de plus en plus profondémement la machine dans le sol.

LE TEMPS PRESSE!

— J'ai toujours aimé les outils, m'sieur! ment Fanny à l'homme toujours un peu étonné par cette visite **TRÈS** inattendue.

L'air de rien, Fanny examine du coin de l'œil le tableau de bord. Elle cherche un bouton ou un quelconque levier qui pourrait faire tomber la machine dans le trou afin qu'elle se brise en mille morceaux tout au fond du trou.

Au-dessus du levier rouge, elle aperçoit une mise en garde : «**NE PAS TOUCHER!**» Voilà celui qu'elle cherchait. Sans hésiter une seconde de plus... **ELLE ABAISSE CE LEVIER!**

Sous les regards surpris des hommes autour du trou, un déclic se fait tout d'abord entendre...

DÉCLIC!

… suivi d’une violente explosion qui fait trembler le sol.

Fanny s’agrippe à la cabine. Dehors, tous les hommes se sont ramassés sur les fesses.

Un nuage de fumée s’élève maintenant du trou et va très haut dans le ciel. Fanny pousse un très long soupir, le plus long qu'elle n'a jamais poussé de sa vie.

FFFFFFFFFFFFFFFFFFFFFF
FOUUUUUUUUUUUUUUUUUUU!

Elle a réussi a détruire complètement la machine…

La tête tournée vers la grue, tous les scientifiques essaient de comprendre ce qui s'est produit. Dans la cabine de l'appareil de levage, l'opérateur pointe du doigt… **FANNY!**

Les poings ancrés sur ses hanches, le père de Mathéo regarde Fanny d'un air des plus contrariés.

— Je te reconnais, toi, commence-t-il par dire. Tu vas à la même école que mon fils, Mathéo.

Les mains dans le dos, l'air coupable, Fanny fait oui avec sa tête.

— Est-ce que tu sais combien coûte une telle machine?

Fanny fait maintenant non avec sa tête.

— **UN MILLION DE DOLLARS!** lui apprend le père de Mathéo.

— Je peux vous donner mon petit cochon, lui dit Fanny. Je crois qu'il y a au moins sept dollars et trente-cinq sous dedans.

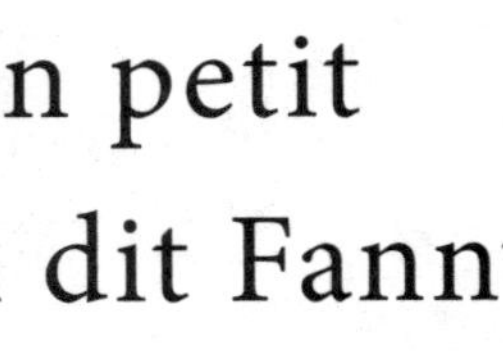

Chapitre 18

Non merci!

Fatiguée, mais contente d'être de retour chez elle, Fanny se laisse tomber dans le confortable fauteuil du salon. Sa mère vient vers elle.

— Comment ça va, Fanny? Comment a été ta journée à l'école? s'enquiert sa maman. Tu as bien travaillé aujourd'hui? As-tu réussi à faire **TOUT** ce que tu voulais?

Fanny laisse tomber sa tête par en arrière.

— **OOOH OUI, MAMAN!** J'ai fait ce que je devais faire et maintenant je suis **TOTALEMENT** épuisée.

— Qu'est-ce qu'on mange, Maman, j'ai une de ces faims. On dirait que je n'ai rien avalé depuis des jours.

— Je crois que je vais faire cuire le pâté chinois congelé dans le four à micro-ondes !

Et, sa mère la quitte pour se rendre à la cuisine.

Fanny se dresse sur le fauteuil.

— **NOOOOON!** S'il te plaît ! **PAS DE PÂTÉ CHINOIS! NON!** J'ai **PLUTÔT** envie de manger de la pizza ce soir. Je sais qu'au Château

du Pepperoni ils font un tout nouveau genre de pizza… **LA PIZZA EN BOULE!**

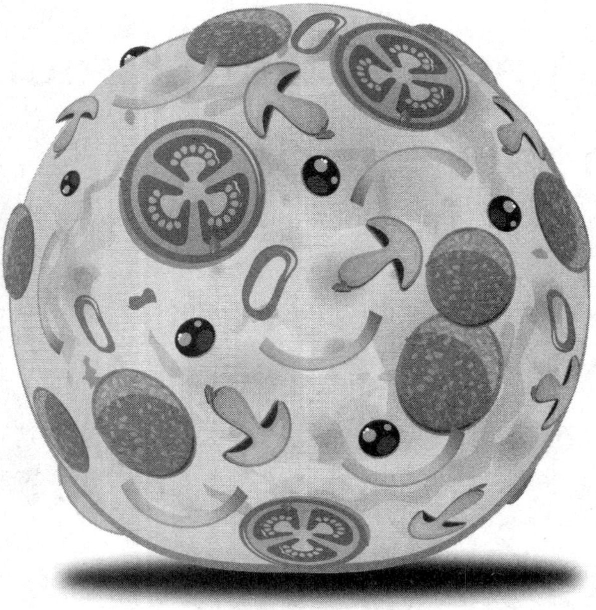

— **EN BOULE???** répète sa mère. **OK!** D'accord! J'appelle tout de suite.

Épilogue 1
Fanny

En pyjama, seule dans sa chambre, Fanny se remémore **TOUT** ce qui s'est passé dans les deux derniers jours. Elle réalise que, parce qu'elle est revenue dans le passé, elle est la seule à savoir ce qui serait arrivé si elle n'avait pas détruit l'infâme machine de Météo-Tech.

Comment pourrait-elle faire pour ne rien oublier de cette grande aventure?

— **JE SAIS!** Je dois **ABSOLUMENT** m'acheter un journal intime et **TOUT** écrire dedans pour ne rien oublier. **NON!** Quatre! Je vais en acheter quatre, car il s'est passé **VRAIMENT** trop de choses.

YESSSS!

— Le premier, je vais l'intituler *La revanche du pâté chinois*. Le deuxième aura comme titre *Quand les poutines auront des dents*.

Le troisième journal, lui, sera intitulé *Perdu dans un trou de beigne.* Le quatrième, lui, sera titré, *Les extraterrestes de table.*

VOILÀ!

— De cette façon, je n'oublierai **JAMAIS**...

Épilogue 2

Daphnée et Dylan

Dans la chambre de Dylan, Daphnée et ce dernier sont tous les deux assis sur le lit et discutent.

— J'ai eu l'idée de sortir avec toi après avoir vu Mathéo embrasser Florence dans la cour de l'école, lui confie Daphnée. Mais, je dois être franche avec toi, ta sœur m'a vivement conseillé de me trouver un autre chum, car elle dit que tu es **TOTALEMENT** dégoûtant.

Dylan ne s'étonne pas des propos de sa sœur.

— **MAIS VOYONS!** Je suis comme tout le monde, voyons! Je ne suis pas plus dégueulasse que les autres garçons, voyons.

— Je le sais très bien, Dylan. Tu vois, je ne l'ai pas écouté, voyons.

Et, elle fait un petit clin d'œil à Dylan.

Ce dernier se met à rire.

HI! HI! HI! HI! HI!

— Est-ce que je t'ai déjà montré ma collection d'ongles d'orteils de mes vedettes préférés de la chanson? Quelques fois, lorsque je suis très nerveux, j'en ronge quelques-uns. Tu veux goûter?

Épilogue 3

Les parents de Fanny

À peine le soleil se pointe-t-il à l'horizon que Fanny se précipite hors de sa chambre pour se rendre dans celle de ses parents.

Là, souriante, elle aperçoit son père en train de faire son nœud de cravate. Ils se préparent pour aller travailler.

OUUUUUUUUFFF!

— **ALLÔ, MA PUCE!** l'accueille ce dernier.

— **OH WOW PAPA!** s’écrie-t-elle sans pouvoir se retenir. Comme tu es beau. Et, en plus, tu ne portes pas de couches et tu ne dis pas tout le temps...

Son père esquisse un sourire.

— Il y a très longtemps que je ne porte plus de couches, Fanny, mais qu’est-ce que tu dis là ?

Au lieu de répondre à son père, Fanny tourne plutôt

les talons, descend l'escalier deux marches à la fois et se rend dans la cuisine. Là, l'odeur agréable des rôties et du café lui entre avec douceur dans les narines. Le visage souriant, elle saute dans les bras de sa mère.

— **OH, MAMAN!** Tu es normale toi aussi…

Sa mère s'étonne du commentaire de sa fille.

— Pourquoi tu dis ça? Je n'étais pas normale avant, quoi?

Épilogue 4

Le restaurant El Matador Della Potato

Au fameux restaurant El Matador Della Potato, les parents de Daphnée arrivent pour déjeuner. Ils sont tout de suite accueillis par l'hôte du El Matador Della Potato, le matador du El Matador Della Potato.

— Bonjour chers clients, commence le matador. Je suis le matador du El Matador Della Potato et je suis ici pour vous guider à votre table du restaurant El Matador Della Potato.

Arrivé à leur place, le matador du El Matador Della Potato leur donne le menu du El Matador Della Potato.

— Aujourd'hui, poursuit le matador du restaurant El Matador Della Potato, notre spécial du jour est le spécial du jour du El Matador Della Potato. Désirez-vous prendre

le spécial du jour? Le spécial du jour du El Matador Della Potato?

— Alors, moi monsieur le matador, commence la mère de Daphnée, je crois que je vais prendre le spécial du jour du El Matador Della Potato.

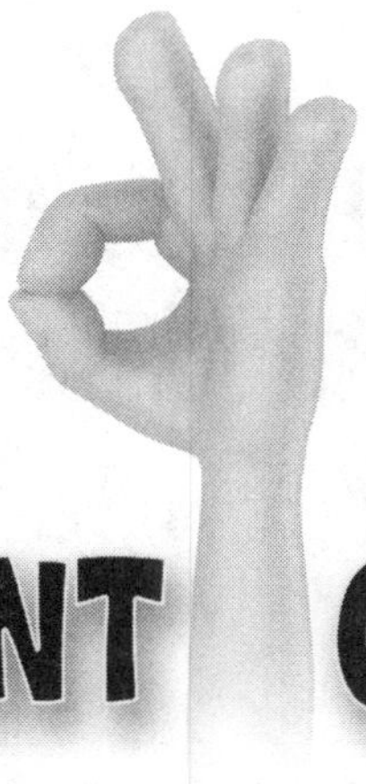

EXCELLENT CHOIX !

L'hôte du El Matador Della Potato se tourne ensuite vers le papa de Daphnée.

— Et vous, monsieur, désirez-vous vous aussi prendre le spécial du jour? Le spécial du jour du El Matador Della Potato?

Le papa de Daphnée réfléchit quelques secondes en se frottant le menton.

— HMMMMM ! Je crois que je vais prendre le spécial du jour du El Matador Della Potato, monsieur le matador.

Épilogue 5
Derek

Dans la cour de l'école, quelques secondes avant que la cloche sonne, Fanny aperçoit Derek qui discute avec Cédric et Arthur.

— Peux-tu m'attendre une minute, Daphnée?

— Oui! Oui! Mais où tu vas?

— Peux-tu surveiller mon sac à dos aussi, s'il te plaît? Je reviens tout de suite.

Sans attendre la réponse de son amie, elle laisse tomber son sac à ses pieds et se dirige d'un pas **TRÈS DÉCIDÉ** vers Derek.

— Euh ! Viens donc ici, toi ! ordonne-t-elle ensuite au garçon.

Et, elle l'embrasse, directement **SUR LA BOUCHE**, devant ses deux amis.

SMAAAC!

Le jeune garçon fige comme une statue.

— Je veux juste t'annoncer que maintenant nous sortons ensemble, lui apprend Fanny, car je sais que tu m'aimes. **OK, MON PETIT CHIHUAHUA?**

— Euh... **OK!** Fanny. Euh... bafouille le garçon, décontenancé. **EUUUUUH!** Est-ce que tu aimes les bijoux?

— Mais pourquoi tu me demandes ça?

— Parce que je voudrais t'acheter une belle **GROSSE** bague avec un **GROS** diamant, lui répond Derek.

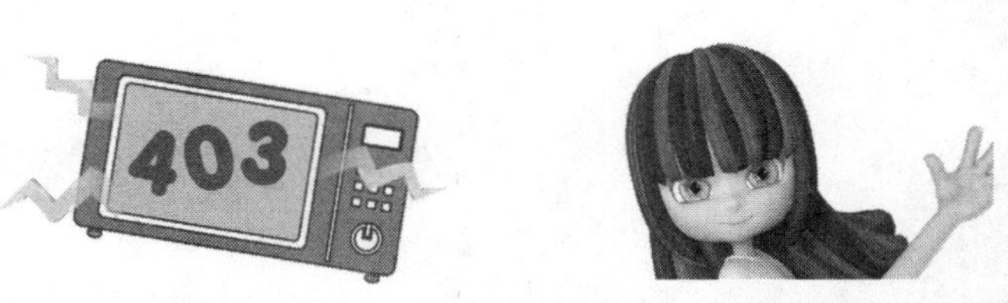

— **WO! PAS SI VITE, ROMÉO!** rétorque Fanny. Nous commençons tout juste à nous fréquenter, alors, nous avons tout notre temps. **OUI!** Nous avons tout notre **TEMPS**!

Épilogue 6

Le directeur

TOUM DI GUILOUUUU BA BOUUUUUM !

La cloche de l'école vient de sonner et tous les élèves commencent à entrer dans l'édifice, car les cours vont bientôt commencer.

Alors que Fanny, Daphnée et Teddy s'y dirigent, le jeune garçon aperçoit tout à coup

monsieur Doiron le directeur qui arrive à l'école...
SUR UN SKATEBOARD!

— Mais, c'est quoi ça? s'étonne Teddy. Le directeur a troqué sa belle **BMW** pour une planche à roulettes?

Les deux filles se retournent.

En effet, portant une casquette à l'envers et se tenant difficilement debout sur une planche à roulettes, le directeur arrive vers l'entrée principale…

À TOUTE VITESSE !

— **ALLÔ, FANNY!** s'écrie-t-il en essayant de garder son équilibre. J'ai suivi tes conseils et j'ai décidé de faire du skateboard pour rajeunir.

Mais, ce que le directeur ne semble pas savoir, c'est qu'il est plus difficile de s'arrêter que de se tenir en équilibre sur un tel engin…

OOOH! OOOOH! OOOOH!

— Bon ! fait Fanny en se dirigeant vers l'entrée. Le principal ne se plaindra plus qu'il a des rides sur son visage, il aura en plus… **UNE CICATRICE !**

Épilogue 7

Brutus

Alors que, dans la classe de bio, Fanny est concentrée comme tous les autres élèves à terminer un examen…

… une toute petite voix se fait entendre!

— **HEY, YO!** Fanny!

La jeune fille regarde partout autour d'elle.

Les autres élèves ont **TOUS** la tête penchée sur les feuilles à remplir. Elle se remet alors au travail.

La petite voix se manifeste encore une fois.

— **HEY ! FAAAAAAANNY !**

Ça vient de la cage de Brutus. Lorsqu'elle lève les yeux, le petit animal lui envoie la main.

Fanny se dresse sur son siège.

— Ben, c'est parce que tu as bel et bien réussi à détruire la machine, sauf qu'elle a pu faire des petites choses avant que tu puisses le faire, lui apprend le petit animal.

Et, Brutus lui pointe ensuite la fenêtre. Dehors, sur une branche, un écureuil sourit à Fanny et lui lève son pouce.

Fanny laisse tomber sa tête sur le dessus de son pupitre…

— Non! C’est pas vrai…

Ma BIG fin!
La fin! Fini...
FANNY... ;)